Immanuel Kant

Metaphysische Anfangsgründe der Rechtslehre

Immanuel Kant

Metaphysische Anfangsgründe der Rechtslehre

ISBN/EAN: 9783743315969

Hergestellt in Europa, USA, Kanada, Australien, Japan

Cover: Foto ©ninafisch / pixelio.de

Manufactured and distributed by brebook publishing software
(www.brebook.com)

Immanuel Kant

Metaphysische Anfangsgründe der Rechtslehre

Metaphysische Anfangsgründe

der

Rechtslehre

von

Immanuel Kant.

———————

———————

Königsberg,
bey Friedrich Nicolovius.
1797.

Vorrede
der erſten Ausgabe.

Auf die Critik der practiſchen Vernunft ſollte das Syſtem, die Metaphyſik der Sitten, folgen, welches in metaphyſiſche Anfangsgründe der Rechtslehre und in eben ſolche für die Tugendlehre zerfällt (als ein Gegenſtück der ſchon gelieferten metaphyſiſchen Anfangsgründe der Naturwiſſenſchaft), wozu die hier folgende Einleitung die Form des Syſtems in beyden vorſtellig und zum Theil anſchaulich macht.

Die Rechtslehre, als der erſte Theil der Sittenlehre, iſt nun das, wovon ein aus der Vernunft hervorgehendes Syſtem verlangt wird, welches man die Metaphyſik des Rechts nennen könnte. Da aber der Begrif des Rechts, als ein reiner jedoch auf die Praxis (Anwendung auf in der Erfahrung vorkommende Fälle) geſtellter Begrif iſt, mithin ein metaphyſiſches Syſtem deſſelben in ſeiner Eintheilung auch auf die empirſche Mannigfaltigkeit jener Fälle Rückſicht nehmen müßte, um die Eintheilung vollſtändig zu machen (welches zur Errichtung eines Syſtems der Vernunft eine unerlaßliche Forderung iſt),

ist), Vollständigkeit der Eintheilung des Empirischen aber unmöglich ist, und, wo sie versucht wird
(wenigstens um ihr nahe zu kommen), solche Begriffe,
nicht als integrirende Theile in das System, sondern
nur, als Beyspiele, in die Anmerkungen kommen können: so wird der für den ersten Theil der Metaphysik
der Sitten allein schickliche Ausdruck seyn, metaphysische Anfangsgründe der Rechtslehre;
weil, in Rücksicht auf jene Fälle der Anwendung nur
Annäherung zum System, nicht dieses selbst erwartet
werden kann.   Es wird daher hiemit, so wie mit den
(früheren) metaphysischen Anfangsgründen der Na-
turwissenschaft, auch hier gehalten werden: nämlich das Recht, was zum a priori entworfenen System
gehört, in den Text, die Rechte aber, welche auf besondere Erfahrungsfälle bezogen werden, in zum Theil
weitläuftige Anmerkungen zu bringen; weil sonst das,
was hier Metaphysik ist, von dem, was empirische
Rechtspraxis ist, nicht wohl unterschieden werden
könnte.

   Ich kann dem so oft gemachten Vorwurf der
Dunkelheit, ja wohl einer geflissenen, den Schein
tiefer Einsicht affectirenden, Undeutlichkeit im philo-
sophischen Vortrage nicht besser zuvorkommen, oder
abhelfen, als daß ich, was Herr Garve, ein Philosoph in der ächten Bedeutung des Worts, jedem, vor-
nemlich dem philosophirenden Schriftsteller zur Pflicht
macht, bereitwillig annehme, und meinerseits diesen

An-

Anspruch bloß auf die Bedingung einschränke, ihm nur so weit Folge zu leisten, als es die Natur der Wissenschaft erlaubt, die zu berichtigen und zu erweitern ist.

Der weise Mann fordert (in seinem Werk, Vermischte Aufsätze betitelt, S. 352 u. f.) mit Rechte, eine jede philosophische Lehre müsse, wenn der Lehrer nicht selbst in den Verdacht der Dunkelheit seiner Begriffe kommen soll — zur Popularität (einer zur allgemeinen Mittheilung hinreichenden Versinnlichung) gebracht werden können. Ich räume das gern ein, nur mit Ausnahme des Systems einer Critik des Vernunftvermögens selbst und alles dessen, was nur durch dieser ihre Bestimmung beurkundet werden kann; weil es zur Unterscheidung des Sinnlichen in unserem Erkenntniß vom Uebersinnlichen, dennoch aber der Vernunft zustehenden, gehört. Dieses kann nie populär werden, so wie überhaupt keine formelle Metaphysik; obgleich ihre Resultate für die gesunde Vernunft (eines Metaphysikers, ohne es zu wissen) ganz einleuchtend gemacht werden können. Hier ist an keine Popularität (Volksprache) zu denken, sondern es muß auf scholastische Pünktlichkeit, wenn sie auch Peinlichkeit gescholten würde, gedrungen werden (denn es ist Schulsprache); weil dadurch allein die voreilige Vernunft dahin gebracht werden kann, vor ihren dogmatischen Behauptungen sich erst selbst zu verstehen.

Wenn

Wenn aber Pedanten sich anmaßen, zum Publikum (auf Canzeln und in Volksschriften) mit Kunstwörtern zu reden, die ganz für die Schule geeignet sind, so kann das so wenig dem critischen Philosophen zur Last fallen, als dem Grammatiker der Unverstand des Wortklaubers (logodaedalus). Das Belachen kann hier nur den Mann, aber nicht die Wissenschaft treffen.

Es klingt arrogant, selbstsüchtig, und für die, welche ihrem alten System noch nicht entsagt haben, verkleinerlich, zu behaupten: „daß vor dem Entstehen der critischen Philosophie es noch gar keine gegeben habe. — Um nun über diese scheinbare Anmaßung absprechen zu können, kommt es auf die Frage an: ob es wohl mehr als eine Philosophie geben könne? Verschiedene Arten zu philosophiren, und zu den ersten Vernunftprincipien zurückzugehen, um darauf, mit mehr oder weniger Glück, ein System zu gründen, hat es nicht allein gegeben, sondern es mußte viele Versuche dieser Art, deren jeder auch um die gegenwärtige ein Verdienst hat, geben; aber, da es doch, objectiv betrachtet, nur Eine menschliche Vernunft geben kann: so kann es auch nicht viel Philosophien geben, d. i. es ist nur ein wahres System derselben aus Principien möglich, so mannigfaltig und oft widerstreitend man auch über einen und denselben Satz philosophirt haben mag. So sagt der Moralist mit Recht: es giebt nur Eine Tugend und Lehre

dersel-

derſelben, d. i. ein einziges Syſtem, das alle Tu-
genpflichten durch ein Princip verbindet; der Chy-
miſt: es giebt nur Eine Chemie (die nach Lavoiſier);
der Arzneylehrer: es giebt nur ein Princip zum
Syſtem der Krankheitseintheilung (nach Brown),
ohne doch darum, weil das neue Syſtem alle andere ausſchließt, das Verdienſt der älteren (Mora-
liſten, Chemiker und Arzneylehrer) zu ſchmälern; weil
ohne dieſer ihre Entdeckungen, oder auch mißlungene
Verſuche, wir zu jener Einheit des wahren Princips
der ganzen Philoſophie in einem Syſtem nicht gelan-
get wären. — Wenn alſo jemand ein Syſtem der
Philoſophie als ſein eigenes Fabrikat ankündigt, ſo iſt
es eben ſo viel, als ob er ſage: „vor dieſer Philoſophie ſey gar keine andere noch geweſen.“ Denn wollte
er einräumen, es wäre eine andere (und wahre) geweſen, ſo würde es über dieſelben Gegenſtände zweyerley
wahre Philoſophien gegeben haben, welches ſich widerſpricht. — Wenn alſo die critiſche Philoſophie
ſich als eine ſolche ankündigt, vor der es überall noch
gar keine Philoſophie gegeben habe, ſo thut ſie nichts
anders, als was alle gethan haben, thun werden, ja
thun müſſen, die eine Philophie nach ihrem eigenen
Plane entwerfen.

Von minderer Bedeutung, jedoch nicht ganz
ohne alle Wichtigkeit, wäre der Vorwurf: daß ein
dieſe Philoſophie weſentlich unterſcheidendes Stück doch
nicht ihr eigenes Gewächs, ſondern etwa einer anderen

ren Philosophie (oder Mathematik) abgeborgt sey: dergleichen ist der Fund, den ein Tübingscher Recensent gemacht haben will, und der die Definition der Philosophie überhaupt angeht, welche der Verfasser der Critik d. r. V. für sein eigenes, nicht unerhebliches, Produkt ausgiebt, und die doch schon vor vielen Jahren von einem Anderen fast mit denselben Ausdrücken gegeben worden sey.*) Ich überlasse es einem jeden, zu beurtheilen, ob die Worte: intellectualis quaedam constructio, den Gedanken der Darstellung eines gegebenen Begrifs in einer Anschauung a priori hätten hervorbringen können, wodurch auf einmal die Philosophie von der Mathematik ganz bestimmt geschieden wird. Ich bin gewiß: Hausen selbst würde sich geweigert haben, diese Erklärung seines Ausdrucks anzuerkennen; denn die Möglichkeit einer Anschauung a priori, und daß der Raum eine solche und nicht ein bloß der empirischen Anschauung (Wahrnehmung) gegebenes Nebeneinanderseyn des Mannigfaltigen außer einander sey (wie Wolf ihn erklärt), würde ihm schon aus dem Grunde abgeschreckt haben, weil er sich hiemit in weit

hinaus-

---

*) Porro de actuali constructione hic non quaeritur, cum ne possint quidem sensibiles figurae ad rigorem definitionum effingi; sed requiritur cognitio eorum, quibus absoluitur formatio, quae intellectualis quaedam constructio est. C. A. Hausen Elem. Mathes. Pars I. p. 86. A. 1734.

hinausfehende philofophifche Unterfuchungen verwickelt
gefühlt hätte. Die gleichfam durch den Ver-
ftand gemachte Darftellung bedeutete dem fcharffinni-
gen Mathematiker nichts weiter, als die einem Begriffe correfpondirende (empirifche) Verzeichnung
einer Linie, bey der bloß auf die Regel Acht gegeben, von den in der Ausführung unvermeidlichen Ab-
weichungen aber abftrahirt wird; wie man in der
Geometrie auch an der Conftruction der Gleichungen
wahrnehmen kann.

Von der allermindeften Bedeutung aber in
Anfehung des Geiftes diefer Philofophie ift wohl der
Unfug, den einige Nachäffer derfelben mit den Wör-
tern ftiften, die in der Critik d. r. V. felbft nicht wohl
durch andere gangbare zu erfetzen find, fie auch außerhalb derfelben zum öffentlichen Gedankenverkehr zu
brauchen, und welcher allerdings gezüchtigt zu werden
verdient, wie Hr. Nicolai thut, wiewohl er über die
gänzliche Entbehrung derfelben in ihrem eigenthümli-
chen Felde, gleich als einer überall bloß verfteckten
Armfeligkeit an Gedanken, kein Urtheil zu haben fich
felbft befcheiden wird. — Indeffen läßt es fich über
den unpopulären Pedanten freylich viel luftiger
lachen, als über den uncritifchen Ignoranten
(denn in der That kann der Metaphyfiker, welcher
feinem Syfteme fteif anhängt, ohne fich an alle Critik zu kehren, zur letzteren Claffe gezählt werden, ob
er zwar nur willkührlich ignorirt, was er nicht auf-

kont-

kommen laſſen will, weil es zu ſeiner älteren Schule
nicht gehört). Wenn aber, nach Schaftsbury's
Behauptung, es ein nicht zu verachtender Probierſtein
für die Wahrheit einer (vornehmlich practiſchen) Lehre
iſt, wenn ſie das Belachen aushält, ſo müßte wohl
an den critiſchen Philoſophen mit der Zeit die Reihe
kommen zuletzt, und ſo auch am beſten, zu lachen; wenn er die papiernen Syſteme derer, die eine
lange Zeit das große Wort führten, nach einander
einſtürzen, und alle Anhänger derſelben ſich verlaufen
ſieht: ein Schickſal, was jenen unvermeidlich bevor-
ſteht.

Gegen das Ende des Buchs habe ich einige Ab-
ſchnitte mit minderer Ausführlichkeit bearbeitet, als
in Vergleichung mit dem vorhergehenden erwartet werden konnte: theils, weil ſie mir aus dieſen leicht gefolgert werden zu können ſchienen, theils auch, weil die
letzte (das öffentliche Recht betreffende) eben jetzt ſo vielen Discuſſionen unterworfen und dennoch ſo wichtig
ſind, daß ſie den Aufſchub des entſcheidenden Urtheils
auf einige Zeit wohl rechtfertigen können.

Tafel

Tafel
der Eintheilung der Rechtslehre.

Drit-

Drittes Hauptſtück.

Zweyter Theil.

Einlei=

Einleitung

in die Metaphysik der Sitten.

I.

Von dem Verhältnisse der Vermögen des menschlichen Gemüths zu den Sittengesetzen.

Begehrungsvermögen ist das Vermögen durch seine Vorstellungen Ursache der Gegenstände dieser Vorstellungen zu seyn. Das Vermögen eines Wesens, seinen Vorstellungen gemäß zu handeln, heißt das Leben.

Mit dem Begehren oder Verabscheuen ist erstlich jederzeit Lust oder Unlust, deren Empfänglichkeit man Gefühl nennt, verbunden; aber nicht immer umgekehrt. Denn es kann eine Lust geben, welche mit gar keinem Begehren des Gegenstandes, sondern mit der bloßen Vorstellung, die man sich von einem Gegenstande macht, (gleichgültig, ob das Object derselben existire oder nicht), schon verknüpft ist. Auch geht, zweytens, nicht immer die Lust oder Unlust an dem Gegenstande des Begehrens vor dem Begehren vorher und darf nicht allemal als Ursache, sondern kann auch als Wirkung desselben angesehen werden.

Man

Man nennt aber die Fähigkeit, Lust oder Unlust bey einer Vorstellung zu haben, darum Gefühl, weil beydes das blos Subjective im Verhältnisse unserer Vorstellung, und gar keine Beziehung auf ein Object zum möglichen Erkenntnisse desselben °) (nicht einmal dem Erkenntnisse unseres Zustandes) enthält; da sonst selbst Empfindungen, außer der Qualität, die ihnen der Beschaffenheit des Subjects wegen anhängt (z. B. des Rothen, des Süßen u. s. w.) doch auch als Erkenntnißstücke auf ein Object bezogen werden, die Lust oder Unlust aber (am Rothen und Süßen) schlechterdings

°) Man kann Sinnlichkeit durch das Subjective unserer Vorstellungen überhaupt erklären; denn der Verstand bezieht allererst die Vorstellungen auf ein Object, d. i. er allein denkt sich etwas vermittelst derselben. Nun kann das Subjective unserer Vorstellung entweder von der Art seyn, daß es auch auf ein Object zum Erkenntniß desselben (der Form oder Materie nach, da es im ersteren Falle reine Anschauung, im zweyten Empfindung heißt) bezogen werden kann. In diesem Falle ist die Sinnlichkeit, als Empfänglichkeit der gedachten Vorstellung, der Sinn: aber das Subjective der Vorstellung kann gar kein Erkenntnißstück werden; weil es blos die Beziehung derselben aufs Subject und nichts zur Erkenntniß des Objects Brauchbares enthält, und alsdann heißt diese Empfänglichkeit der Vorstellung Gefühl; welches die Wirkung der Vorstellung (diese mag sinnlich oder intellectuell seyn) aufs Subject enthält und zur Sinnlichkeit gehört, obgleich die Vorstellung selbst zum Verstande oder der Vernunft gehören mag.

dings nichts am Objecte, sondern lediglich Beziehung aufs
Subject ausdrückt. Näher können Lust und Unlust für sich,
und zwar eben um des angeführten Grundes willen, nicht
erklärt werden, sondern man kann allenfalls nur, was sie
in gewissen Verhältnissen für Folgen haben, anführen, um
sie im Gebrauche kennbar zu machen.

Man kann die Lust, welche mit dem Begehren
(des Gegenstandes, dessen Vorstellung das Gefühl so
afficirt) nothwendig verbunden ist, practische Lust nen=
nen: sie mag nun Ursache oder Wirkung vom Begehren
seyn. Dagegen würde man die Lust, die mit dem
Begehren des Gegenstandes nicht nothwendig verbunden
ist, die also im Grunde nicht eine Lust an der Existenz
des Objects der Vorstellung ist, sondern blos an der
Vorstellung allein haftet, blos contemplative Lust, oder
unthätiges Wohlgefallen nennen können.
Das Gefühl der letztern Art von Lust nennen wir
Geschmack. Von diesem wird also in einer pra=
ctischen Philosophie, nicht als von einem einheimi=
schen Begriffe, sondern allenfalls, nur episodisch
die Rede seyn. Was aber die practische Lust betrifft, so
wird die Bestimmung des Begehrungsvermögens, vor
welcher diese Lust, als Ursache, nothwendig vorher=
gehen muß, im engen Verstande Begierde, die habi=
tuelle Begierde aber Neigung heißen, und, weil die
Verbindung der Lust mit dem Begehrungsvermögen, so=
fern diese Verknüpfung durch den Verstand nach einer
allgemeinen Regel (allenfalls auch nur für das Subject)

gül

gültig zu seyn geurtheilt wird, Interesse heißt; so wird die practische Lust in diesem Falle ein Interesse der Neigung; dagegen wenn die Lust nur auf eine vorhergehende Bestimmung des Begehrungsvermögens folgen kann, so wird sie eine intellectuelle Lust, und das Interesse an dem Gegenstande ein Vernunftinteresse genannt werden müssen; denn wäre das Interesse sinnlich und nicht blos auf reine Vernunftprincipien gegründet, so müßte Empfindung mit Lust verbunden seyn und so das Begehrungsvermögen bestimmen können. Obgleich, wo ein blos reines Vernunftinteresse angenommen werden muß, ihm kein Interesse der Neigung untergeschoben werden kann: so können wir doch, um dem Sprachgebrauche gefällig zu seyn, einer Neigung, selbst zu dem, was nur Object einer intellectuellen Lust seyn kann, ein habituelles Begehren aus reinem Vernunftinteresse einräumen, welche alsdann aber nicht die Ursache, sondern die Wirkung des letztern Interesse seyn würde, und die wir die sinnenfreye Neigung (propensio intellectualis) nennen könnten.

Noch ist die Concupiscenz (das Gelüsten) von dem Begehren selbst, als Anreiz zur Bestimmung desselben, zu unterscheiden. Sie ist jederzeit eine sinnliche, aber noch zu keinem Act des Begehrungsvermögens gediehene Gemüthsbestimmung.

Das Begehrungsvermögen nach Begriffen, sofern der Bestimmungsgrund desselben zur Handlung in ihm selbst, nicht in dem Objecte angetroffen wird, heißt ein

Ver=

Vermögen nach Belieben zu thun oder zu laffen.
Sofern es mit dem Bewußtfeyn des Vermögens feiner
Handlung zur Hervorbringung des Objects verbunden ift,
heißt es Willkühr; ift es aber damit nicht verbunden,
fo heißt der Actus derfelben ein Wunfch. Das Begehrungsvermögen, deffen innerer Beftimmungsgrund, folglich felbft das Belieben in der Vernunft des Subjects
angetroffen wird, heißt der Wille. Der Wille ift alfo
das Begehrungsvermögen, nicht fowohl (wie die Willkühr) in Beziehung auf die Handlung, als vielmehr auf
den Beftimmungsgrund der Willkühr zur Handlung, betrachtet, und hat felber vor fich eigentlich keinen Beftimmungsgrund, fondern ift, fofern fie die Willkühr beftimmen kann, die practifche Vernunft felbft.

Unter dem Willen kann die Willkühr, aber auch
der bloße Wunfch enthalten feyn, fofern die Vernunft
das Begehrungsvermögen überhaupt beftimmen kann;
die Willkühr, die durch reine Vernunft beftimmt
werden kann, heißt die freye Willkühr. Die, welche
nur durch Neigung (finnlichen Antrieb, ftimulus)
beftimmbar ift, würde thierifche Willkühr (arbitrium
brutum) feyn. Die menfchliche Willkühr ift dagegen eine folche, welche durch Antriebe zwar afficirt, aber nicht beftimmt wird, und ift alfo für
fich (ohne erworbene Fertigkeit der Vernunft) nicht
rein; kann aber doch zu Handlungen aus reinem Willen
beftimmt werden. Die Freyheit der Willkühr ift
jene Unabhängigkeit ihrer Beftimmung durch finn-
liche

liche Antriebe; dies ist der negative Begriff derselben.
Der positive ist: das Vermögen der reinen Vernunft für
sich selbst practisch zu seyn. Dieses ist aber nicht an=
ders möglich, als durch die Unterwerfung der Maxime
einer jeden Handlung unter die Bedingung der Tauglich=
keit der erstern zum allgemeinen Gesetze. Denn, als
reine Vernunft, auf die Willkühr, unangesehen dieser
ihres Objects, angewandt, kann sie, als Vermögen
der Principien (und hier practischer Principien, mithin
als gesetzgebendes Vermögen), da ihr die Materie des
Gesetzes abgeht, nichts mehr als die Form der Taug=
lichkeit der Maxime der Willkühr zum allgemeinen Ge=
setze selbst, zum obersten Gesetze und Bestimmungs=
grunde der Willkühr machen, und, da die Maximen des
Menschen aus subjectiven Ursachen mit jenen objectiven
nicht von selbst übereinstimmen, dieses Gesetz nur
schlechthin als Imperativ des Verbots oder Gebots, vor=
schreiben.

Diese Gesetze der Freyheit heißen, zum Unterschiede
von Naturgesetzen, moralisch. Sofern sie nur auf
bloße äußere Handlungen und deren Gesetzmäßigkeit ge=
hen, heißen sie juridisch; fordern sie aber auch,
daß sie (die Gesetze) selbst die Bestimmungsgründe der
Handlungen seyn sollen, so sind sie ethisch, und als=
dann sagt man: die Uebereinstimmung mit den ersteren
ist die Legalität, die mit den zweyten die Mora=
lität der Handlung. Die Freyheit, auf die sich die
erstern Gesetze beziehen, kann nur die Freyheit im äuße=

ren

ren Gebrauche; diejenige aber, auf die ſich die letzteren beziehen, die Freyheit ſowohl im äußern als innern Gebrauche der Willkühr ſeyn, ſofern ſie durch Vernunftgeſetze beſtimmt wird. So ſagt man in der theoretiſchen Philoſophie:
im Raume ſind nur die Gegenſtände äußerer Sinne, in der
Zeit aber alle, ſowohl die Gegenſtände äußerer, als des
inneren Sinnes; weil die Vorſtellungen beyder doch Vorſtellungen ſind, und ſofern insgeſammt zum inneren Sinne
gehören. Eben ſo mag die Freyheit im äußeren oder inneren Gebrauche der Willkühr betrachtet werden, ſo müſſen
doch ihre Geſetze, als reine practiſche Vernunftgeſetze für
die freye Willkühr überhaupt, zugleich innere Beſtimmungsgründe derſelben ſeyn: obgleich ſie nicht immer in dieſer Beziehung betrachtet werden dürfen.

II.

Von der Idee und der Nothwendigkeit einer Metaphyſik der Sitten.

Daß man für die Naturwiſſenſchaft, welche es mit
den Gegenſtänden äußerer Sinne zu thun hat, Principien
a priori haben müſſe, und daß es möglich, ja nothwendig ſey, ein Syſtem dieſer Principien, unter dem Namen
einer metaphyſiſchen Naturwiſſenſchaft, vor der auf
beſondere Erfahrungen angewandten, d. i. der Phyſik,
voranzuſchicken, iſt an einem andern Orte bewieſen worden. Allein die letztere kann, (wenigſtens wenn es ihr
darum zu thun iſt, von ihren Sätzen den Irrthum abzuhalten)

halten) manches Princip auf das Zeugniß der Erfahrung als allgemein annehmen, obgleich das letztere, wenn
es in strenger Bedeutung allgemein gelten soll, aus
Gründen a priori abgeleitet werden müßte, wie Newton
das Princip der Gleichheit der Wirkung und Gegenwirkung im Einflusse der Körper auf einander als auf Erfahrung gegründet annahm, und es gleichwohl über
die ganze materielle Natur ausdehnte.   Die Chymiker
gehen noch weiter und gründen ihre allgemeinsten Gesetze
der Vereinigung und Trennung der Materien durch ihre
eigene Kräfte gänzlich auf Erfahrung, und vertrauen
gleichwohl auf ihre Allgemeinheit und Nothwendigkeit so,
daß sie in den mit ihnen angestellten Versuchen keine Entdeckung eines Irrthums besorgen.

Allein mit den Sittengesetzen ist es anders bewandt.
Nur sofern sie als a priori gegründet und nothwendig
eingesehen werden können, gelten sie als Gesetze; ja
die Begriffe und Urtheile über uns selbst und unser Thun
und Lassen, bedeuten gar nichts Sittliches, wenn sie das,
was sich blos von der Erfahrung lernen läßt, enthalten,
und, wenn man sich etwa verleiten läßt, etwas aus der
letztern Quelle zum moralischen Grundsatze zu machen, so
geräth man in Gefahr der gröbsten und verderblichsten Irr-
thümer.

Wenn die Sittenlehre nichts als Glückseligkeitslehre
wäre, so würde es ungereimt seyn, zum Behufe derselben sich nach Principien a priori umzusehen. Denn so
                                                    schein-

ſcheinbar es auch immer lauten mag: daß die Vernunft
noch vor der Erfahrung einſehen könne, durch welche
Mittel man zum dauerhaften Genuſſe wahrer Freuden
des Lebens gelangen könne: ſo iſt doch alles, was man
darüber a priori lehrt, entweder tautologiſch, oder ganz
grundlos angenommen. Nur die Erfahrung kann lehren, was uns Freude bringe. Die natürlichen Triebe
zur Nahrung, zum Geſchlechte, zur Ruhe, zur Bewegung, und (bey der Entwickelung unſerer Naturanla-
gen) die Triebe zur Ehre, zur Erwekerung unſerer Erkenntniß u. dgl., können allein und einem jeden nur auf
ſeine beſondere Art zu erkennen geben, worin er jene
Freuden zu ſetzen; ebendieſelbe kann ihm auch die Mittel lehren, wodurch er ſie zu ſuchen habe. Alles
ſcheinbare Vernünfteln a priori iſt hier im Grunde nichts,
als durch Induction zur Allgemeinheit erhobene Erfahrung, welche Allgemeinheit (ſecundum principia gene-
ralia non univerſalia) noch dazu ſo kümmerlich iſt, daß
man einem jeden unendlich viel Ausnahmen erlauben muß,
um jene Wahl ſeiner Lebensweiſe ſeiner beſondern Neigung
und ſeiner Empfänglichkeit für die Vergnügen anzupaſſen,
und am Ende doch nur durch ſeinen, oder anderer ihren
Schaden, klug zu werden.

Allein mit den Lehren der Sittlichkeit iſt es anders
bewandt. Sie gebieten für jedermann, ohne Rückſicht
auf ſeine Neigungen zu nehmen; blos weil und ſofern
er frey iſt und practiſche Vernunft hat. Die Belehrung
in ihren Geſetzen iſt nicht aus der Beobachtung ſeiner
ſelbſt

selbst und der Thierheit in ihm; nicht aus der Wahrneh=
mung des Weltlaufs geschöpft, von dem was geschieht,
und wie gehandelt wird, (obgleich das deutsche Wort
Sitten, eben so wie das lateinische mores, nur Ma=
nieren und Lebensart bedeutet), sondern die Vernunft
gebietet wie gehandelt werden soll, wenn gleich noch kein
Beyspiel davon angetroffen würde; auch nimmt sie keine
Rücksicht auf den Vortheil, der uns dadurch erwachsen
kann, und den freylich nur die Erfahrung lehren könnte.
Denn, ob sie zwar erlaubt, unsern Vortheil, auf alle
uns mögliche Art, zu suchen; überdem auch sich, auf
Erfahrungszeugnisse fußend, von der Befolgung ihrer
Gebote, vornehmlich wenn Klugheit dazu kommt, im
Durchschnitte größere Vortheile, als von ihrer Uebertre=
tung wahrscheinlich versprechen kann: so beruht darauf
doch nicht die Autorität ihrer Vorschriften als G e b o t e,
sondern sie bedient sich derselben (als Rathschläge) nur
als eines Gegengewichts wider die Verleitungen zum Ge=
gentheil, um den Fehler einer partheyischen Waage in
der practischen Beurtheilung vorher auszugleichen, und
alsdenn allererst dieser, nach dem Gewicht der Gründe
a priori einer reinen practischen Vernunft, den Aus=
schlag zu sichern.

Wenn daher ein System der Erkenntniß a priori
aus bloßen Begriffen Metaphysik heißt: so wird
eine praktische Philosophie, welche nicht Natur, sondern
die Freyheit der Willkühr zum Objecte hat, eine Meta=
physik der Sitten voraussetzen und bedürfen: d. i. eine
solche

solche zu haben ist selbst Pflicht, und jeder Mensch
hat sie auch, obzwar gemeiniglich nur auf dunkle Art in
sich; denn wie könnte er, ohne Principien a priori, eine
allgemeine Gesetzgebung in sich zu haben glauben? So wie
es aber in einer Metaphysik der Natur auch Principien der
Anwendung jener allgemeinen obersten Grundsätze von einer
Natur überhaupt auf Gegenstände der Erfahrung geben
muß: so wird es auch eine Metaphysik der Sitten daran
nicht können mangeln lassen, und wir werden oft die be=
sondere Natur des Menschen, die nur durch Erfahrung
erkannt wird, zum Gegenstande nehmen müssen, um an
ihr die Folgerungen aus den allgemeinen moralischen Prin=
cipien zu zeigen; ohne daß jedoch dadurch der Reinig=
keit der letzteren etwas benommen, noch ihr Ursprung a
priori dadurch zweifelhaft gemacht wird. — Das will
so viel sagen, als: eine Metaphysik der Sitten kann nicht
auf Anthropologie gegründet, aber doch auf sie angewandt
werden.

Das Gegenstück einer Metaphysik der Sitten, als
das andere Glied der Eintheilung der practischen Philo=
sophie überhaupt, würde die moralische Anthropologie
seyn, welche, aber nur die subjective, hindernde sowohl,
als begünstigende, Bedingungen der Ausführung der
Gesetze der ersteren in der menschlichen Natur, die Er=
zeugung, Ausbreitung und Stärkung moralischer Grund=
sätze (in der Erziehung der Schul = und Volksbelehrung)
und dergleichen andere sich auf Erfahrung gründende
Lehren und Vorschriften enthalten würde, und die nicht

ent=

entbehrt werden kann, aber durchaus nicht vor jener vor-
ausgeschickt, oder mit ihr vermischt werden muß; weil man
alsdann Gefahr läuft, falsche, oder wenigstens nachsicht-
liche moralische Gesetze herauszubringen, welche das für
unerreichbar vorspiegeln, was nur eben darum nicht erreicht
wird, weil das Gesetz nicht in seiner Reinigkeit, (als worin
auch seine Stärke besteht) eingesehen und vorgetragen worden, oder gar unächte, oder unlautere Triebfedern zu dem,
was an sich pflichtmäßig und gut ist, gebraucht werden,
welche keine sichere moralische Grundsätze übrig lassen; weder zum Leitfaden der Beurtheilung, noch zur Disciplin des
Gemüths in der Befolgung der Pflicht, deren Vorschrift
schlechterdings nur durch reine Vernunft a priori gegeben
werden muß.

Was aber die Obereintheilung, unter welcher die
eben jetzt erwähnte steht, nämlich die der Philosophie in
die theoretische und practische, und daß diese keine andere als die moralische Weltweisheit seyn könne, betrifft,
darüber habe ich mich schon anderwärts (in der Critik
der Urtheilskraft) erklärt. Alles Practische, was nach
Naturgesetzen möglich seyn soll, (die eigentliche Beschäff-
tigung der Kunst) hängt, seiner Vorschrift nach, gänzlich von der Theorie der Natur ab; nur das Practische
nach Freyheitsgesetzen kann Principien haben, die von
keiner Theorie abhängig sind; denn über die Naturbe-
stimmungen hinaus giebt es keine Theorie. Also kann
die Philosophie unter dem practischen Theile (neben ihrem
theoretischen) keine technisch- sondern blos mora-
lisch-

lisch = practische Lehre verstehen, und, wenn die Fer=
tigkeit der Willkühr nach Freyheitsgesetzen, im Gegensatze
der Natur, hier auch Kunst genannt werden sollte: so
würde darunter eine solche Kunst verstanden werden müssen,
welche ein System der Freyheit gleich einem Systeme der
Natur möglich macht; fürwahr eine göttliche Kunst, wenn
wir im Stande wären, das, was uns die Vernunft vor=
schreibt, vermittelst ihrer auch völlig auszuführen, und die
Idee davon ins Werk zu richten.

III.

Von der Eintheilung einer Metaphysik der Sitten. *)

Zu aller Gesetzgebung (sie mag nun innere oder
äußere Handlungen, und diese, entweder a priori durch
bloße Vernunft, oder durch die Willkühr eines andern
vor=

*) Die Deduction der Eintheilung eines Systems:
d. i. der Beweis ihrer Vollständigkeit sowohl, als auch
der Stetigkeit, daß nämlich der Uebergang vom
eingetheilten Begriffe zum Gliede der Eintheilung in
der ganzen Reihe der Untereintheilungen durch keinen
Sprung (divisio per saltum) geschehe, ist eine der am
schwersten zu erfüllenden Bedingungen für den Bau=
meister eines Systems. Auch was der oberste ein=
getheilte Begriff zu der Eintheilung R e c h t oder
U n r e c h t (aut fas aut nefas) sey, hat seine Bedenk=
lichkeit. Es ist der Act der freyen Willkühr über=
haupt

vorschreiben) gehören zwey Stücke: erstlich, ein Gesetz, welches die Handlung, die geschehen soll, objectiv
als nothwendig vorstellt, d. i. welches die Handlung zur
Pflicht macht; zweytens, eine Triebfeder, welche den
Bestimmungsgrund der Willkühr zu dieser Handlung subjectiv mit der Vorstellung des Gesetzes verknüpft; mithin
ist das zweyte Stück dieses: daß das Gesetz die Pflicht zur
Triebfeder macht. Durch das erstere wird die Handlung
als Pflicht vorgestellt, welches ein bloßes theoretisches Erkenntniß der möglichen Bestimmung der Willkühr, d. i.
practischer Regeln ist: durch das zweyte wird die Verbindlichkeit so zu handeln mit einem Bestimmungsgrunde der
Willkühr überhaupt im Subjecte verbunden.

Alle Gesetzgebung also (sie mag auch in Ansehung
der Handlung, die sie zur Pflicht macht, mit einer anderen übereinkommen, z. B. die Handlungen mögen in
allen Fällen äußere seyn,) kann doch in Ansehung der
Triebfedern unterschieden seyn. Diejenige, welche eine
Handlung zur Pflicht, und diese Pflicht zugleich zur
Triebfeder macht, ist ethisch. Diejenige aber, welche
das Letztere nicht im Gesetze mit einschließt, mithin auch
                                        eine

---

    haupt. So wie die Lehrer der Ontologie vom Et-
    was und Nichts zu o erst anfangen, ohne inne zu
    werden, daß dieses schon Glieder einer Eintheilung
    sind; dazu noch der eingetheilte Begriff fehlt, der kein
    anderer, als der Begriff von einem Gegenstande
    überhaupt seyn kann.

eine andere Triebfeder, als die Idee der Pflicht selbst, zu=
läßt, ist juridisch. Man sieht in Ansehung der letztern
leicht ein, daß diese von der Idee der Pflicht unterschiedene
Triebfeder, von den pathologischen Bestimmungsgründen
der Willkühr der Neigungen und Abneigungen, und unter
diesen von denen der letztern Art hergenommen seyn müssen,
weil es eine Gesetzgebung, welche nöthigend, nicht eine
Anlockung, die einladend ist, seyn soll.

Man nennt die bloße Uebereinstimmung oder Nicht=
übereinstimmung einer Handlung mit dem Gesetze, ohne
Rücksicht auf die Triebfeder derselben, die Legalität
(Gesetzmäßigkeit): diejenige aber, in welcher die Idee der
Pflicht aus dem Gesetze zugleich die Triebfeder der Hand=
lung ist, die Moralität (Sittlichkeit) derselben.

Die Pflichten nach der rechtlichen Gesetzgebung können
nur äußere Pflichten seyn, weil diese Gesetzgebung nicht
verlangt, daß die Idee dieser Pflicht, welche innerlich ist,
für sich selbst Bestimmungsgrund der Willkühr des Handeln=
den sey, und, da sie doch einer für Gesetze schicklichen
Triebfeder bedarf, nur äußere mit dem Gesetze verbinden
kann. Die ethische Gesetzgebung dagegen macht zwar auch
innere Handlungen zu Pflichten, aber nicht etwa mit Aus=
schließung der äußeren, sondern geht auf alles, was Pflicht
ist, überhaupt. Aber eben darum, weil die ethische Gesetz=
gebung die innere Triebfeder der Handlung (die Idee der
Pflicht) in ihr Gesetz mit einschließt, welche Bestimmung
durchaus nicht in die äußere Gesetzgebung einfließen muß:

so kann die ethische Gesetzgebung keine äußere (selbst nicht
die eines göttlichen Willens) seyn, ob sie zwar die Pflichten, die auf einer anderen, nämlich äußeren Gesetzgebung
beruhen, als Pflichten, in ihre Gesetzgebung zu Triebfedern aufnimmt.

Hieraus ist zu ersehen, daß alle Pflichten blos
darum, weil sie Pflichten sind, mit zur Ethik gehören;
aber ihre Gesetzgebung ist darum nicht allemal in
der Ethik enthalten, sondern von vielen derselben außerhalb derselben. So gebietet die Ethik, daß ich eine in
einem Vertrage gethane Anheischigmachung, wenn mich
der andere Theil gleich nicht dazu zwingen könnte, doch
erfüllen müsse: allein sie nimmt das Gesetz, (pacta sunt
servanda) und die diesem correspondirende Pflicht aus
der Rechtslehre als gegeben an. Also nicht in der Ethik,
sondern im Jus, liegt die Gesetzgebung, daß angenom-
mene Versprechen gehalten werden müssen. Die Ethik
lehrt hernach nur, daß, wenn die Triebfeder, welche die
juridische Gesetzgebung mit jener Pflicht verbindet, nämlich der äußere Zwang, auch weggelassen wird, die Idee
der Pflicht allein schon zur Triebfeder hinreichend sey.
Denn wäre das nicht, und die Gesetzgebung selber nicht
juridisch, mithin die aus ihr entspringende Pflicht nicht
eigentliche Rechtspflicht (zum Unterschiede von der Tugendpflicht): so würde man die Leistung der Treue (gemäß seinem Versprechen in einem Vertrage) mit denen
Handlungen des Wohlwollens und der Verpflichtung zu
ihnen in eine Classe setzen, welches durchaus nicht geschehen

schehen muß. Es ist keine Tugendpflicht, sein Versprechen zu halten, sondern eine Rechtspflicht, zu deren Leistung man gezwungen werden kann. Aber es ist doch
eine tugendhafte Handlung (B weis der Tugend.), es
auch da zu thun, wo kein Zwang besorgt werden
darf. Rechtslehre und Tugendlehre unterscheiden sich
also nicht sowohl durch ihre verschiedene Pflichten, als
vielmehr durch die Verschiedenheit der Gesetzgebung,
welche die eine oder die andere Triebfeder mit dem Gesetze verbindet.

Die ethische Gesetzgebung (die Pflichten mögen
allenfalls auch äußere seyn) ist diejenige, welche nicht
äußerlich seyn kann; die juridische ist, welche auch
äußerlich seyn kann. So ist es eine äußerliche Pflicht,
sein vertragsmäßiges Versprechen zu halten; aber das
Gebot, dieses blos darum zu thun, weil es Pflicht ist,
ohne auf eine andere Triebfeder Rücksicht zu nehmen, ist
blos zur innern Gesetzgebung gehörig. Also nicht
als besondere Art von Pflicht (eine besondere Art Handlungen, zu denen man verbunden ist) — denn es ist in
der Ethik sowohl als im Rechte eine äußere Pflicht, —
sondern weil die Gesetzgebung im angeführten Falle, eine
innere ist und keinen äußeren Gesetzgeber haben kann,
wird die Verbindlichkeit zur Ethik gezählt. Aus eben
dem Grunde werden die Pflichten des Wohlwollens, ob
sie gleich äußere Pflichten (Verbindlichkeiten zu äußeren
Handlungen) sind, doch zur Ethik gezählt, weil ihre Gesetzgebung nur innerlich seyn kann. — Die Ethik hat

B frey-

freylich auch ihre besondern Pflichten (z. B. die gegen sich selbst), aber hat doch auch mit dem Rechte Pflichten, aber nur nicht die Art der Verpflichtung gemein. Denn Handlungen blos darum, weil es Pflichten sind, ausüben, und den Grundsatz der Pflicht selbst, woher sie auch komme, zur hinreichenden Triebfeder der Willkühr zu machen, ist das Eigenthümliche der ethischen Gesetzgebung. So giebt es also zwar viele direct=ethische Pflichten, aber die innere Gesetzgebung macht auch die übrigen, alle und insgesammt, zu indirect=ethischen.

IV.

Vorbegriffe zur Metaphysik der Sitten.

(Philosophia practica universalis.)

Der Begriff der Freyheit ist ein reiner Vernunftbegriff, der eben darum für die theoretische Philosophie transcendent, d. i. ein solcher ist, dem kein angemessenes Beyspiel in irgend einer möglichen Erfahrung gegeben werden kann, welcher also keinen Gegenstand einer uns möglichen theoretischen Erkenntniß ausmacht, und schlechterdings nicht für ein constitutives, sondern lediglich als regulatives, und zwar nur blos negatives Princip der speculativen Vernunft gelten kann, im practischen Gebrauche derselben aber seine Realität durch practische Grundsätze beweiset, die, als Gesetze, eine Causalität der reinen Vernunft, unabhängig von allen empirischen Bedingungen, (dem Sinnlichen überhaupt) die Willkühr bestimmen und einen reinen Willen in

uns

uns beweisen, in welchem die sittlichen Begriffe und Gesetze ihren Ursprung haben.

Auf diesem (in practischer Rücksicht) positiven Begriffe der Freyheit gründen sich unbedingte practische Gesetze, welche moralisch heißen, die in Ansehung Unser, deren Willkühr sinnlich afficirt und so dem reinen Willen nicht von selbst angemessen, sondern oft widerstrebend ist, Imperativen (Gebote oder Verbote) und zwar categorische (unbedingte) Imperativen sind, wodurch sie sich von den technischen (den Kunst-Vorschriften), als die jederzeit nur bedingt gebieten, unterscheiden, nach denen gewisse Handlungen erlaubt oder unerlaubt, d. i. moralisch möglich oder unmöglich, einige derselben aber, oder ihr Gegentheil moralisch nothwendig, d. i. verbindlich sind, woraus dann für jene der Begriff einer Pflicht entspringt, deren Befolgung oder Uebertretung zwar auch mit einer Lust oder Unlust von besonderer Art (der eines moralischen Gefühls) verbunden ist, auf welche wir aber, [weil sie nicht den Grund der practischen Gesetze, sondern nur die subjective Wirkung im Gemüthe bey der Bestimmung unserer Willkühr durch jene betreffen und (ohne jener ihrer Gültigkeit oder Einflusse objectiv, d. i. im Urtheil der Vernunft, etwas hinzuzuthun oder zu benehmen nach Verschiedenheit der Subjecte verschieden seyn kann], in practischen Gesetzen der Vernunft gar nicht Rücksicht nehmen.

Fol-

Folgende Begriffe sind der Metaphysik der Sitten in ihren beyden Theilen gemein.

Verbindlichkeit ist die Nothwendigkeit einer freyen Handlung unter einem categorischen Imperativ der Vernunft.

Der Imperativ ist eine practische Regel, wodurch die an sich zufällige Handlung nothwendig gemacht wird. Er unterscheidet sich darin von einem practischen Gesetze, daß dieses zwar die Nothwendigkeit einer Handlung vorstellig macht, aber ohne Rücksicht darauf zu nehmen, ob diese an sich schon dem handelnden Subjecte (etwa einem heiligen Wesen) innerlich nothwendig beywohne, oder (wie dem Menschen) zufällig sey; denn, wo das erstere ist, da findet kein Imperativ statt. Also ist der Imperativ eine Regel, deren Vorstellung die subjectiv = zufällige Handlung nothwendig macht, mithin das Subject, als ein solches, was zur Uebereinstimmung mit dieser Regel genöthigt (necessitirt) werden muß, vorstellt. — Der categorische (unbedingte) Imperativ ist derjenige, welcher nicht etwa mittelbar, durch die Vorstellung eines Zwecks, der durch die Handlung erreicht werden könne, sondern der sie durch die bloße Vorstellung dieser Handlung selbst (ihrer Form), also unmittelbar als objectiv = nothwendig denkt und nothwendig macht; dergleichen Imperativen keine andere practische Lehre, als allein die, welche Verbindlichkeit vorschreibt (die der Sitten) zum Beyspiele aufstellen kann. Alle andere Imperativen sind technisch und insgesammt bedingt. Der Grund der Möglichkeit categorischer Imperativen liegt aber darin: daß sie sich auf keine

keine andere Bestimmung der Willkühr (wodurch ihr eine Absicht untergelegt werden kann), als lediglich auf die Freyheit derselben beziehen.

Erlaubt ist eine Handlung (licitum) die der Verbindlichkeit nicht entgegen ist; und diese Freyheit, die durch keinen entgegengesetzten Imperativ eingeschränkt wird, heißt die Befugniß (facultas moralis). Hieraus versteht sich von selbst was unerlaubt (illicitum) sey.

Pflicht ist diejenige Handlung, zu welcher jemand verbunden ist. Sie ist also die Materie der Verbindlichkeit, und es kann einerley Pflicht (der Handlung nach) seyn, ob wir zwar auf verschiedene Art dazu verbunden werden können.

Der categorische Imperativ, indem er eine Verbindlichkeit in Ansehung gewisser Handlungen aussagt, ist ein moralisch = practisches Gesetz. Weil aber Verbindlichkeit nicht blos practische Nothwendigkeit (dergleichen ein Gesetz überhaupt aussagt) sondern auch Nöthigung enthält, so ist der gedachte Imperativ entweder ein Gebot= oder Verbotgesetz, nachdem die Begehung oder Unterlassung als Pflicht vorgestellt wird. Eine Handlung, die weder geboten noch verboten ist, ist blos erlaubt, weil es in Ansehung ihrer gar kein die Freyheit (Befugniß) einschränkendes Gesetz und also auch keine Pflicht giebt. Eine solche Handlung heißt sittlich = gleichgültig (indifferens, adiaphoron, res merae facultatis). Man kann fragen: ob es dergleichen gebe, und, wenn es solche giebt, ob dazu, daß es jemanden frey stehe, etwas

nach

nach seinem Belieben zu thun, oder zu laſſen, außer dem
Gebotgeſetze (lex praeceptiva, lex mandati) und dem
Verbotgeſetze (lex prohibitiva, lex vetiti), noch ein Er=
laubnißgeſetz (lex permiſſiva) erforderlich ſey. Wenn
dieſes iſt, ſo würde die Befugniß nicht allemal eine gleich=
gültige Handlung (adiaphoron) betreffen; denn zu ei=
ner ſolchen, wenn man ſie nach ſittlichen Geſetzen be=
trachtet, wurde kein beſonderes Geſetz erfordert
werden.

Th a t heißt eine Handlung ſofern ſie unter Geſetzen
der Verbindlichkeit ſteht, folglich auch ſofern das Subject
in derſelben nach der Freyheit ſeiner Willkühr betrachtet
wird. Der Handelnde wird durch einen ſolchen Act als U r=
h e b e r der Wirkung betrachtet, und dieſe, zuſammt der
Handlung ſelbſt, können ihm z u g e r e c h n e t werden, wenn
man vorher das Geſetz kennt, Kraft welches auf ihnen eine
Verbindlichkeit ruhet.

P e r ſ o n iſt dasjenige Subject, deſſen Handlungen
einer Z u r e c h n u n g fähig ſind. Die m o r a l i ſ c h e Per=
ſönlichkeit iſt alſo nichts anderes, als die Freyheit eines ver=
nünftigen Weſens unter moraliſchen Geſetzen (die pſycholo=
giſche aber blos das Vermögen, ſich ſeiner ſelbſt in den ver=
ſchiedenen Zuſtänden der Identität ſeines Daſeyns bewußt
zu werden,) woraus dann folgt, daß eine Perſon keinen
anderen Geſetzen, als denen, die ſie (entweder allein, oder
wenigſtens zugleich mit anderen) ſich ſelbſt giebt, unter=
worfen iſt.

Sache

Sache ist ein Ding, was keiner Zurechnung fähig ist. Ein jedes Object der freyen Willkühr, welches selbst der Freyheit ermangelt, heißt daher Sache. (res corporalis.)

Recht oder Unrecht (rectum aut minus rectum) überhaupt ist eine That, sofern sie pflichtmäßig oder pflichtwidrig (factum licitum aut illicitum) ist; die Pflicht selbst mag, ihrem Inhalte oder ihrem Ursprunge nach, seyn, von welcher Art sie wolle. Eine pflichtwidrige That heißt Uebertretung (reatus).

Eine unvorsetzliche Uebertretung, die gleichwohl zugerechnet werden kann, heißt bloße Verschuldung (culpa). Eine vorsetzliche (d. i. diejenige, welche mit dem Bewußtseyn, daß sie Uebertretung sey, verbunden ist) heißt Verbrechen (dolus). Was nach äußeren Gesetzen recht ist, heißt gerecht (iustum), was es nicht ist, ungerecht (iniustum).

Ein Widerstreit der Pflichten (collisio officiorum, s. obligationum) würde das Verhältniß derselben seyn, durch welches eine derselben die andere (ganz oder zum Theil) aufhöbe. — Da aber Pflicht und Verbindlichkeit überhaupt Begriffe sind, welche die objective practische Nothwendigkeit gewisser Handlungen ausdrücken und zwey einander entgegengesetzte Regeln nicht zugleich nothwendig seyn können, sondern, wenn nach einer derselben zu handeln es Pflicht ist, so ist nach der entgegengesetzten zu han-

handeln nicht allein keine Pflicht, sondern sogar pflichtwidrig: so ist eine Collision von Pflichten und Verbindlichkeiten gar nicht denkbar (obligationes non colliduntur). Es können aber gar wohl zwey Gründe der Verbindlichkeit (rationes obligandi), deren einer aber, oder der andere, zur Verpflichtung nicht zureichend ist (rationes obligandi non obligantes), in einem Subject und der Regel, die es sich vorschreibt, verbunden seyn, da dann der eine nicht Pflicht ist. — Wenn zwey solcher Gründe einander widerstreiten, so sagt die practische Philosophie nicht: daß die stärkere Verbindlichkeit die Oberhand behalte (fortior obligatio vincit), sondern der stärkere Verpflichtungsgrund behält den Platz (fortior obligandi ratio vincit).

Ueberhaupt heißen die verbindenden Gesetze, für die eine äußere Gesetzgebung möglich ist, äußere Gesetze (leges externae). Unter diesen sind diejenigen, zu denen die Verbindlichkeit auch ohne äußere Gesetzgebung a priori durch die Vernunft erkannt werden kann, zwar äußere, aber natürliche Gesetze; diejenigen dagegen, die ohne wirkliche äußere Gesetzgebung gar nicht verbinden (also ohne die letztere nicht Gesetze seyn würden) heißen positive Gesetze. Es kann also eine äußere Gesetzgebung gedacht werden, die lauter natürliche Gesetze enthielte; alsdenn aber müßte doch ein natürliches Gesetz vorausgehen, welches die Autorität des Gesetzgebers (d. i. die Befugniß, durch seine bloße Willkühr andere zu verbinden) begründete.

Der

Der Grundsatz, welcher gewisse Handlungen zur Pflicht macht, ist ein practisches Gesetz. Die Regel des Handeln den, die er sich selbst aus subjectiven Gründen zum Princip macht, heißt seine Maxime; daher bey einerley Gesetzen doch die Maximen der Handelnden sehr verschieden seyn können.

Der categorische Imperativ, der überhaupt nur aussagt, was Verbindlichkeit sey, ist: handle nach einer Maxime, welche zugleich als ein allgemeines Gesetz gelten kann. — Deine Handlungen mußt du also zuerst nach ihrem subjectiven Grundsatze betrachten: ob aber dieser Grundsatz auch objectiv gültig sey, kannst du nur daran erkennen, daß, weil deine Vernunft ihn der Probe unterwirft, durch denselben dich zugleich als allgemein gesetzgebend zu denken, er sich zu einer solchen allgemeinen Gesetzgebung qualificire.

Die Einfachheit dieses Gesetzes in Vergleichung mit den großen und mannigfaltigen Forderungen, die daraus gezogen werden können, imgleichen das gebietende Ansehen, ohne daß es doch sichtbar eine Triebfeder bey sich führt, muß freylich anfänglich befremden. Wenn man aber, in dieser Verwunderung über ein Vermögen unserer Vernunft, durch die bloße Idee der Qualification einer Maxime zur Allgemeinheit eines practischen Gesetzes die Willkühr zu bestimmen, belehrt wird: daß eben diese practischen Gesetze (die moralischen) eine Eigenschaft der Willkühr zuerst kund machen,

machen, auf die keine speculative Vernunft weder aus Gründen a priori, noch durch irgend eine Erfahrung, gerathen hätte, und, wenn sie darauf gerieth, ihre Möglichkeit theoretisch durch nichts darthun könnte, gleichwohl aber jene practischen Gesetze diese Eigenschaft, nämlich die Freyheit, unwidersprechlich darthun; so wird es weniger befremden, diese Gesetze, gleich mathematischen Postulaten, unerweislich und doch apodictisch zu finden, zugleich aber ein ganzes Feld von practischen Erkenntnissen vor sich eröffnet zu sehen, wo die Vernunft mit derselben Idee der Freyheit, ja jeder anderer ihrer Ideen des Uebersinnlichen im Theoretischen alles schlechterdings vor ihr verschlossen finden muß. Die Uebereinstimmung einer Handlung mit dem Pflichtgesetze ist die **Gesetzmäßigkeit** (legalitas) — die der Maxime der Handlung mit dem Gesetze die **Sittlichkeit** (moralitas) derselben. **Maxime** aber ist das **subjective** Princip zu handeln, was sich das Subject selbst zur Regel macht, (wie es nämlich handeln will). Dagegen ist der Grundsatz der Pflicht das, was ihm die Vernunft schlechthin, mithin objectiv gebietet (wie es handeln soll).

Der oberste Grundsatz der Sittenlehre ist also: handle nach einer Maxime, die zugleich als allgemeines Gesetz gelten kann. — Jede Maxime, die sich hiezu nicht qualificirt, ist der Moral zuwider.

Von dem **Willen** gehen die Gesetze aus; von der **Willkühr** die Maximen. Die letztere ist im Menschen

ſchen eine freye Willkühr; der Wille, der auf nichts
Anderes, als blos auf Geſetz geht, kann weder frey noch
unfrey genannt werden, weil er nicht auf Handlungen,
ſondern unmittelbar auf die Geſetzgebung für die Maxime
der Handlungen (alſo die practiſche Vernunft ſelbſt) geht,
daher auch ſchlechterdings nothwendig und ſelbſt keiner
Nöthigung fähig iſt. Nur die Willkühr alſo kann
frey genannt werden.

Die Freyheit der Willkühr aber kann nicht durch das
Vermögen der Wahl, für oder wider das Geſetz zu han=
deln (libertas indifferentiae), definirt werden; — wie
es wohl einige verſucht haben, — ob zwar die Willkühr
als Phänomen davon in der Erfahrung häufige Bey=
ſpiele giebt. Denn die Freyheit (ſo wie ſie uns durchs
moraliſche Geſetz allererſt kundbar wird) kennen wir nur
als negative Eigenſchaft in uns, nämlich durch keine
ſinnliche Beſtimmungsgründe zum Handeln genöthigt
zu werden. Als Noumen aber, d. i. nach dem Ver=
mögen des Menſchen blos als Intelligenz betrachtet,
wie ſie in Anſehung der ſinnlichen Willkühr nöthigend
iſt, mithin ihrer poſitiven Beſchaffenheit nach, können
wir ſie theoretiſch gar nicht darſtellen. Nur das
können wir wohl einſehen: daß, obgleich der Menſch, als
Sinnenweſen, der Erfahrung nach ein Vermögen
zeigt dem Geſetze nicht allein gemäß, ſondern auch
zuwider zu wählen, dadurch doch nicht ſeine Freyheit
als intelligiblen Weſens definirt werden kön=
ne; weil Erſcheinungen kein überſinnliches Object (der=
gleichen doch die freye Willkühr iſt) verſtändlich machen
können, und daß die Freyheit nimmermehr darin geſetzt
werden kann, daß das vernünftige Subject auch eine
wider

wider seine (gesetzgebende) Vernunft streitende Wahl
treffen kann; wenn gleich die Erfahrung oft genug beweist,
daß es geschieht; (wovon wir doch die Möglichkeit nicht
begreifen können). — Denn ein Anderes ist, einen Satz
(der Erfahrung) einräumen, ein Anderes ihn zum Er-
klärungsprincip (des Begriffs der freyen Willkühr)
und allgemeinen Unterscheidungsmerkmal (vom arbitrio
bruto l. servo) machen; weil das erstere nicht behauptet,
daß das Merkmal nothwendig zum Begriff gehöre,
welches doch zum Zweyten erforderlich ist. — Die Freyheit, in Beziehung auf die innere Gesetzgebung der Vernunft, ist eigentlich allein ein Vermögen; die Möglichkeit von dieser abzuweichen ein Unvermögen. Wie kann
nun jenes aus diesem erklärt werden? Es in eine Definition, die über den practischen Begriff noch die Ausübung desselben, wie sie die Erfahrung lehrt, hinzu-
thut, eine Bastarterklärung (definitio hybrida),
welche den Begriff im falschen Lichte darstellt.

Gesetz (ein moralisch practisches) ist ein Satz, der
einen categorischen Imperativ, (Gebot) enthält. Der Gebietende (imperans) durch ein Gesetz ist der Gesetzgeber
(legislator). Er ist Urheber (autor) der Verbindlichkeit
nach dem Gesetze, aber nicht immer Urheber des Gesetzes.
Im letzteren Falle würde das Gesetz positiv (zufällig) und
willkührlich seyn. Das Gesetz, was uns a priori und unbedingt durch unsere eigene Vernunft verbindet, kann auch
als aus dem Willen eines höchsten Gesetzgebers, d. i. eines
solchen, der lauter Rechte und keine Pflichten hat, (mithin
dem göttlichen Willen) hervorgehend ausgedrückt werden,
welches aber nur die Idee von einem moralischen Wesen bedeutet,

deutet, deſſen Wille für alle Geſetz iſt, ohne ihn doch als
Urheber deſſelben zu denken.

Zurechnung (imputatio) in moraliſcher Bedeutung
iſt das Urtheil, wodurch jemand als Urheber (cauſa li-
bera) einer Handlung, die alsdann That (factum) heißt
und unter Geſetzen ſteht, angeſehen wird; welches, wenn
es zugleich die rechtlichen Folgen aus dieſer That bey ſich
führt, eine rechtskräftige (imputatio iudiciaria, ſ. vali-
da), ſonſt aber nur eine beurtheilende Zurechnung
(imputatio diiudicatoria) ſeyn würde. — Diejenige
(phyſiſche oder moraliſche) Perſon, welche rechtskräftig zu-
zurechnen die Befugniß hat, heißt der Richter oder auch
der Gerichtshof (iudex ſ. forum).

Was jemand pflichtmäßig mehr thut, als wozu er
nach dem Geſetze gezwungen werden kann, iſt verdienſt-
lich (meritum): was er nur gerade dem letzteren angemeſſen thut, iſt Schuldigkeit (debitum); was er
endlich weniger thut, als die letztere fordert, iſt moraliſche Verſchuldung (demeritum). Der rechtliche
Effect einer Verſchuldung iſt die Strafe (poena): der
einer verdienſtlichen That Belohnung (praemium) (vorausgeſetzt, daß ſie, im Geſetz verheißen, die Bewegurſache
war); die Angemeſſenheit des Verfahrens zur Schuldigkeit
hat gar keinen rechtlichen Effect. — Die gültige Vergel-
tung (remuneratio ſ. repenſio benefica) ſteht zur
That in gar keinem Rechtsverhältniſſe.

Die

Die guten oder schlimmen Folgen einer schuldigen Handlung, — imgleichen die Folgen der Unterlassung einer verdienstlichen, können dem Subjecte nicht zugerechnet werden (modus imputationis tollens).

Die guten Folgen einer verdienstlichen, — imgleichen die schlimmen Folgen einer unrechtmäßigen Handlung können dem Subjecte zugerechnet werden (modus imputationis ponens).

Subjectiv ist der Grad der Zurechnungsfähigkeit (imputabilitas) der Handlungen nach der Größe der Hindernisse zu schätzen, die dabey haben überwunden werden müssen. — Je größer die Naturhindernisse (der Sinnlichkeit), je kleiner das moralische Hinderniß (der Pflicht), desto mehr wird die gute That zum Verdienst angerechnet. Z. B. wenn ich einen mir ganz fremden Menschen mit meiner beträchtlichen Aufopferung aus großer Noth rette.

Dagegen: je kleiner das Naturhinderniß, je größer das Hinderniß aus Gründen der Pflicht, desto mehr wird die Uebertretung (als Verschuldung) zugerechnet. — Daher der Gemüthszustand, ob das Subject die That im Affect, oder mit ruhiger Ueberlegung verübt habe, in der Zurechnung einen Unterschied macht, der Folgen hat.

———————————

Ein-

Einleitung
in die Rechtslehre.

§. A.
Was die Rechtslehre sey?

Der Inbegriff der Gesetze, für welche eine äußere Gesetzgebung möglich ist, heißt die Rechtslehre (Jus). Ist
eine solche Gesetzgebung wirklich, so ist sie Lehre des positiven Rechts und der Rechtskundige derselben, oder
Rechtsgelehrte (Jurisconsultus), heißt Rechtserfah-
ren (Jurisperitus), wenn er die äußern Gesetze auch äußerlich, d. i. in ihrer Anwendung auf in der Erfahrung
vorkommende Fälle kennt, die auch wohl Rechtsklugheit
(Jurisprudentia) werden kann, ohne beyde zusammen
aber bloße Rechtswissenschaft (Jurisscientia) bleibt.
Die letztere Benennung kommt der systematischen Kenntniß der natürlichen Rechtslehre (Jus naturae) zu, wiewohl
der Rechtskundige in der letzteren zu aller positiven Gesetzgebung die unwandelbaren Principien hergeben muß.

§. B.
Was ist Recht?

Diese Frage möchte wohl den Rechtsgelehrten,
wenn er nicht in Tautologie verfallen, oder, statt einer allgemeinen Auflösung, auf das, was in irgend einem Lande

die

die Gesetze zu irgend einer Zeit wollen, verweisen will, eben
so in Verlegenheit setzen, als die berufene Aufforderung:
Was ist Wahrheit? den Logiker. Was Rechtens sey
(quid sit iuris), d. i. was die Gesetze an einem gewissen
Ort und zu einer gewissen Zeit sagen oder gesagt haben, kann
er noch wohl angeben: aber, ob das, was sie wollten, auch
recht sey, und das allgemeine Criterium, woran man überhaupt, Recht sowohl als Unrecht (iustum et iniustum),
erkennen könne, bleibt ihm wohl verborgen, wenn er nicht
eine Zeit lang jene empirischen Principien verläßt, die Quel-
len jener Urtheile in der bloßen Vernunft sucht (wiewohl ihm
dazu jene Gesetze vortrefflich zum Leitfaden dienen können),
um zu einer möglichen positiven Gesetzgebung die Grundlage
zu errichten. Eine blos empirische Rechtslehre ist (wie der
hölzerne Kopf in Phädrus Fabel) ein Kopf, der schön seyn
mag, nur Schade! daß er kein Gehirn hat.

Der Begriff des Rechts, sofern er sich auf eine
ihm correspondirende Verbindlichkeit bezieht (d. i. der
moralische Begriff derselben), betrifft erstlich nur das
äußere und zwar practische Verhältniß einer Person gegen eine andere, sofern ihre Handlungen als Facta
auf einander (unmittelbar, oder mittelbar) Einfluß haben können. Aber zweytens bedeutet er nicht das
Verhältniß der Willkühr auf den Wunsch (folglich
auch auf das bloße Bedürfniß) des Anderen, wie etwa
in den Handlungen der Wohlthätigkeit oder Hartherzig-
keit, sondern lediglich auf die Willkühr des Anderen.
Drittens in diesem wechselseitigen Verhältnisse der
Will-

Willkühr kommt auch gar nicht die Materie der Will=
kühr, d. i. der Zweck, den ein jeder mit dem Object,
was er will, zur Absicht hat, in Betrachtung, z. B. es
wird nicht gefragt, ob jemand bey der Waare, die er zu
seinem eigenen Handel von mir kauft, auch seinen Vor=
theil finden möge, oder nicht, sondern nur nach der
Form im Verhältniß der beyderseitigen Willkühr sofern
sie blos als f r e y betrachtet wird, und ob durch die
Handlung Eines von beyden sich mit der Freyheit des
Anderen nach einem allgemeinen Gesetze zusammen ver=
einigen lasse.

Das Recht ist also der Inbegriff der Bedingungen,
unter denen die Willkühr des einen mit der Willkühr des
andern nach einem allgemeinen Gesetze der Freyheit zusam=
men vereinigt werden kann.

§. C.
Allgemeines Princip des Rechts.

»Eine jede Handlung ist recht, die oder nach deren
Maxime die Freyheit der Willkühr eines jeden mit jeder=
manns Freiheit nach einem allgemeinen Gesetze zusammen
bestehen kann 2c.«

Wenn also meine Handlung, oder überhaupt mein
Zustand, mit der Freyheit von jedermann nach einem all=
gemeinen Gesetze zusammen bestehen kann, so thut der mir
Unrecht, der mich daran hindert; denn dieses Hinderniß

(dieſer Widerſtand) kann mit der Freyheit nach allgemei=
nen Geſetzen nicht beſtehen.

Es folgt hieraus auch: daß nicht verlangt werden
kann, daß dieſes Princip aller Maximen ſelbſt wiederum
meine Maxime ſey, d. i. daß ich es mir zur Maxime
meiner Handlung mache; denn ein jeder kann frey ſeyn,
obgleich ſeine Freyheit mir gänzlich indifferent wäre, oder
ich im Herzen derſelben gerne Abbruch thun möchte, wenn
ich nur durch meine äußere Handlung ihr nicht Ein=
trag thue. Das Rechthandeln mir zur Maxime zu ma=
chen, iſt eine Forderung, die die Ethik an mich thut.

Alſo iſt das allgemeine Rechtsgeſetz: handle äußer=
lich ſo, daß der freye Gebrauch deiner Willkühr mit der
Freyheit von jedermann nach einem allgemeinen Geſetze
zuſammen beſtehen könne, zwar ein Geſetz, welches mir
eine Verbindlichkeit auferlegt, aber ganz und gar nicht
erwartet, noch weniger fordert, daß ich ganz um dieſer
Verbindlichkeit willen, meine Freyheit auf jene Bedingun=
gen ſelbſt einſchränken ſolle, ſondern die Vernunft ſagt
nur, daß ſie in ihrer Idee darauf eingeſchränkt ſey und
von andern auch thätlich eingeſchränkt werden dürfe; und
dieſes ſagt ſie als ein Poſtulat, welches gar keines Be=
weiſes weiter fähig iſt. — Wenn die Abſicht nicht iſt,
Tugend zu lehren, ſondern nur was recht ſey vorzutra=
gen, ſo darf und ſoll man ſelbſt nicht jenes Rechtsgeſetz
als Triebfeder der Handlung vorſtellig machen.

§. D.

§. D.

Das Recht ist mit der Befugniß zu zwingen verbunden.

Der Widerstand, der dem Hinderniße einer Wirkung entgegengesetzt wird, ist eine Beförderung dieser Wirkung und stimmt mit ihr zusammen. Nun ist alles, was Unrecht ist, ein Hinderniß der Freyheit nach allgemeinen Gesetzen: der Zwang aber ist ein Hinderniß oder Widerstand, der der Freyheit geschieht. Folglich: wenn ein gewisser Gebrauch der Freyheit selbst ein Hinderniß der Freyheit nach allgemeinen Gesetzen (d. i. unrecht) ist, so ist der Zwang, der diesem entgegengesetzt wird, als Verhinderung eines Hinderniſſes der Freyheit mit der Freyheit nach allgemeinen Gesetzen zusammen stimmend, d. i. recht: mithin ist mit dem Rechte zugleich eine Befugniß, den, der ihm Abbruch thut, zu zwingen, nach dem Satze des Widerspruchs verknüpft.

§. E.

Das stricte Recht kann auch als die Möglichkeit eines mit jedermanns Freyheit nach allgemeinen Gesetzen zusammenstimmenden durchgängigen wechselseitigen Zwanges vorgestellt werden.

Dieser Satz will so viel sagen, als: das Recht darf nicht als aus zwey Stücken, nämlich der Verbindlichkeit nach einem Gesetze und der Befugniß dessen, der durch seine Willkühr den andern verbindet, diesen dazu zu zwingen, zusammengesetzt gedacht werden, sondern man kann

den

den Begriff des Rechts in der Möglichkeit der Verknüpfung des allgemeinen wechselseitigen Zwanges mit jedermanns Freyheit unmittelbar setzen. So, wie nämlich
das Recht überhaupt nur das zum Objecte hat, was in
Handlungen äußerlich ist, so ist das stricte Recht, nämlich das, dem nichts Ethisches beygemischt ist, dasjenige,
welches keine andern Bestimmungsgründe der Willkühr,
als blos die äußern fordert; denn alsdann ist es rein und
mit keinen Tugendvorschriften vermengt. Ein strictes
(enges) Recht kann man also nur das völlig äußere
nennen. Dieses gründet sich nun zwar auf dem Bewußtseyn der Verbindlichkeit eines jeden nach dem Gesetze
aber die Willkühr darnach zu bestimmen, darf und kann
es, wenn es rein seyn soll, sich auf dieses Bewußtseyn
als Triebfeder nicht berufen, sondern fußet sich deshalb
auf dem Princip der Möglichkeit eines äußeren Zwanges,
der mit der Freyheit von jedermann nach allgemeinen Gesetzen zusammen bestehen kann. — Wenn also gesagt wird:
ein Gläubiger hat ein Recht, von dem Schuldner die Be-
zahlung seiner Schuld zu fordern, so bedeutet das nicht,
er kann ihm zu Gemüthe führen, daß ihn seine Vernunft
selbst zu dieser Leistung verbinde, sondern ein Zwang, der
jedermann nöthigt, dieses zu thun, kann gar wohl mit jedermanns Freyheit, also auch mit der seinigen, nach einem
allgemeinen äußeren Gesetze zusammen bestehen: Recht
und Befugniß zu zwingen bedeuten also einerley.

Das Gesetz eines mit jedermanns Freyheit nothwendig zusammenstimmenden wechselseitigen Zwanges, unter
dem

dem Princip der allgemeinen Freyheit, ist gleichsam die
Construction jenes Begriffs, d. i. Darstellung dessel=
ben in einer reinen Anschauung a priori, nach der Ana=
logie der Möglichkeit freyer Bewegungen der Körper un=
ter dem Gesetze der Gleichheit der Wirkung und
Gegenwirkung. So wie wir nun in der reinen Ma=
thematik die Eigenschaften ihres Objects nicht unmittel=
bar vom Begriffe ableiten, sondern nur durch die Con=
struction des Begriffs entdecken können, so ists nicht so=
wohl der Begriff des Rechts, als vielmehr der, un=
ter allgemeine Gesetze gebrachte, mit ihm zusammenstim=
mende durchgängig wechselseitige und gleiche Zwang, der
die Darstellung jenes Begriffs möglich macht. Dieweil
aber diesem dynamischen Begriffe noch ein blos forma=
ler, in der reinen Mathematik (z. B. der Geometrie)
zum Grunde liegt: so hat die Vernunft dafür gesorgt,
den Verstand auch mit Anschauungen a priori, zum
Behuf der Construction des Rechtsbegriffs, so viel
möglich zu versorgen. — Das Rechte (rectum) wird,
als das Gerade, theils dem Krummen, theils dem
Schiefen entgegen gesetzt. Das erste ist die innere
Beschaffenheit einer Linie von der Art, daß es zwi=
schen zweyen gegebenen Puncten nur eine einzige,
das zweyte aber die Lage zweyer einander durchschnei=
denden oder zusammenstoßenden Linien, von deren Art
es auch nur eine einzige (die senkrechte) geben kann,
die sich nicht mehr nach einer Seite, als der andern
hinneigt, und die den Raum von beyden Seiten gleich
abtheilt, nach welcher Analogie auch die Rechtslehre
das Seine einem jeden (mit mathematischer Genauig=
keit) bestimmt wissen will, welches in der Tugend=
lehre nicht erwartet werden darf, als welche einen ge=

wissen

wissen Raum zu Ausnahmen (latitudinem) nicht ver-
weigern kann. — Aber, ohne ins Gebiet der Ethik ein-
zugreifen, giebt es zwey Fälle, die auf Rechtsentschei-
dung Anspruch machen, für die aber keiner, der sie ent-
scheide, ausgefunden werden kann, und die gleichsam in
Epikur's intermundia hingehören. — Diese müssen wir
zuvörderst aus der eigentlichen Rechtslehre, zu der wir
bald schreiten wollen, aussondern, damit ihre schwanken-
den Principien nicht auf die festen Grundsätze der erstern
Classus bekommen.

Anhang

zur Einleitung in die Rechtslehre.

Vom zweydeutigen Recht.

(Ius aequivocum.)

Mit jedem Recht in enger Bedeutung (ius strictum),
ist die Befugniß zu zwingen verbunden. Aber man denkt
sich noch ein Recht im weiteren Sinne (ius latum),
wo die Befugniß zu zwingen durch kein Gesetz bestimmt
werden kann. — Dieser, wahren oder vorgeblichen,
Rechte sind nun zwey: die Billigkeit und das Noth=
recht; von denen die erste ein Recht ohne Zwang, das
zweyte einen Zwang ohne Recht annimmt, und man
wird leicht gewahr, diese Doppelsinnigkeit beruhe eigent=
lich

lich darauf, daß es Fälle eines bezweifelten Rechts giebt, zu deren Entscheidung kein Richter aufgestellt werden kann.

I.

Die Billigkeit.
(Aequitas.)

Die Billigkeit (objectiv betrachtet) ist keineswegs ein Grund zur Aufforderung bloß an die ethetische Pflicht Anderer (ihr Wohlwollen und Gütigkeit), sondern der, welcher aus diesem Grunde etwas fordert, fußt sich auf sein Recht, nur daß ihm die für den Richter erforderlichen Bedingungen mangeln, nach welchen dieser bestimmen könnte, wie viel, oder auf welche Art dem Anspruche desselben genug gethan werden könne. Der in einer auf gleiche Vortheile eingegangenen Mascopey dennoch mehr gethan, dabey aber wohl gar durch Unglücksfälle mehr verlohren hat, als die übrigen Glieder, kann nach der Billigkeit von der Gesellschaft mehr fordern, als bloß zu gleichen Theilen mit ihnen zu gehen. Allein nach dem eigentlichen (stricten) Recht, weil, wenn man sich in seinem Fall einen Richter denkt, dieser keine bestimmte Angaben (data) hat, um, wie viel nach dem Contract ihm zukomme, auszumachen, würde er mit seiner Foderung abzuweisen seyn. Der Hausdiener, dem sein bis zu Ende des Jahres laufender Lohn in einer binnen der Zeit verschlechterten Münzsorte bezahlt wird, womit er das nicht ausrichten kann, was er bey Schließung de Contracts sich dafür anschaffen könnte, kann bey gleichem

chem Zahlwerth, aber ungleichem Geldwerth, sich nicht
auf sein Recht berufen, deshalb schadlos gehalten zu werden, sondern nur die Billigkeit zum Grunde anrufen (eine
stumme Gottheit, die nicht gehöret werden kann); weil
nichts hierüber im Contract bestimmt war, ein Richter
aber nach unbestimmten Bedingungen nicht sprechen kann.

Hieraus folgt auch, daß ein Gerichtshof der
Billigkeit, (in einem Streit Anderer über ihre Rechte)
einen Widerspruch in sich schließe. Nur da, wo es die
eigenen Rechte des Richters betrift, und in dem, worüber er für seine Person disponiren kann, darf und soll er
der Billigkeit Gehör geben; z. B. wenn die Krone den
Schaden, den Andre in ihrem Dienste erlitten haben, und
den sie zu vergüten angeflehet wird, selber trägt, ob sie
gleich, nach dem strengen Rechte, diesen Ausspruch, unter der Vorschützung, daß sie solche auf ihre eigene Gefahr
übernommen haben, abweisen könnte.

Der Sinnspruch (dictum) der Billigkeit ist
nun zwar: »das strengste Recht ist das größte Unrecht«
(summum ius summa iniuria); aber diesem Uebel ist
auf dem Wege Rechtens nicht abzuhelfen, ob es gleich
eine Rechtsfoderung betrift, weil diese für das Gewis-
sensgericht (forum poli) allein gehört, dagegen jede
Frage Rechtens vor das bürgerliche Recht (forum
poli) gezogen werden muß.

II.

II.

Das Nothrecht.

(Ius necessitatis.)

Dieses vermeinte Recht soll eine Befugniß seyn, im Fall der Gefahr des Verlusts meines eignen Lebens, einem Anderen, der mir nichts zu Leide that, das Leben zu nehmen. Es fällt in die Augen, daß hierin ein Widerspruch der Rechtslehre mit sich selbst enthalten seyn müsse — denn es ist hier nicht von einem **ungerechten** Angreifer auf mein Leben, dem ich durch Beraubung des seinen zuvorkomme (ius inculpatae tutelae), die Rede, wo die Anempfehlung der Mäßigung (moderamen) nicht einmal zum Recht, sondern nur zur Ethik gehört, sondern von einer erlaubten Gewaltthätigkeit gegen den, der keine gegen mich ausübte.

Es ist klar: daß diese Behauptung nicht objectiv, nach dem was ein Gesetz vorschreiben, sondern bloß subjectiv, wie vor Gericht die Sentenz gefället werden würde, zu verstehen sey. Es kann nämlich kein Strafgesetz geben, welches demjenigen den Tod zuerkennete, der im Schiffbruche mit einem Andern in gleicher Lebensgefahr schwebend, diesen von dem Brette, worauf er sich gerettet hat, wegstieße, um sich selbst zu retten. Denn die durchs Gesetz angedrohete Strafe könnte doch nicht größer seyn, als die des Verlust des Lebens des ersteren. Nun kann ein solches Strafgesetz die beabsichtigte Wirkung gar nicht haben; denn die Bedrohung mit einem Uebel, was noch **ungewiß** ist (dem Tode durch den

richter=

richterlichen Ausspruch), kann die Furcht vor dem Uebel, was gewiß ist (nämlich dem Ersaufen), nicht überwiegen. Also ist die That der gewaltthätigen Selbsterhaltung nicht etwa als unsträflich (inculpabile), sondern nur als unstrafbar (inpunibile) zu beurtheilen und diese subjective Straflosigkeit wird, durch eine wunderliche Verwechselung, von den Rechtslehrern für eine objective (Gesetzmäßigkeit) gehalten.

Der Sinnspruch des Nothrechts heißt: »Noth hat kein Gebot (necessitas non habet legem)«; und gleichwohl kann es keine Noth geben, welche, was unrecht ist, gesetzmäßig machte.

Man sieht: daß in beyden Rechtsbeurtheilungen (nach dem Billigkeits- und dem Nothrechte) die Doppelsinnigkeit (aequivocatio) aus der Verwechselung der objectiven mit den subjectiven Gründen der Rechtsausübung (vor der Vernunft und vor einem Gericht) entspringt, da dann, was jemand für sich selbst mit gutem Grunde für Recht erkennt, vor einem Gerichtshofe nicht Bestätigung finden, und, was er selbst an sich als unrecht beurtheilen muß, von eben demselben Nachsicht erlangen kann; weil der Begriff des Rechts in diesen zwey Fällen nicht in einerley Bedeutung ist genommen worden.

————

Einthei-

Eintheilung der Rechtslehre.

A.
Allgemeine Eintheilung der Rechtspflichten.

Man kann diese Eintheilung sehr wohl nach dem Ulpian machen, wenn man seinen Formeln einen Sinn unterlegt, den er sich dabey zwar nicht deutlich gedacht haben mag, den sie aber doch verstatten daraus zu entwickeln, oder hinein zu legen. Sie sind folgende:

1) Sey ein rechtlicher Mensch (honeste vive). Die rechtliche Ehrbarkeit (honestas iuridica) bestehet darin: im Verhältnisse zu Anderen seinen Werth als den eines Menschen zu behaupten, welche Pflicht durch den Satz ausgedrückt wird: »mache dich anderen nicht zum bloßen Mittel, sondern sey für sie zugleich Zweck.« Diese Pflicht wird im folgenden als Verbindlichkeit aus dem Rechte der Menschheit in unserer eigenen Person erklärt werden (lex iusti).

2) Thue niemanden Unrecht (neminem laede) und solltest du darüber auch aus aller Verbindung mit andern herausgehen und alle Gesellschaft meiden müssen (Lex juridica).

3) Tritt (wenn du das letztere nicht vermeiden kannst) in eine Gesellschaft mit Andern, in welcher Jedem das Seine erhalten werden kann (suum cuique tribue) — Die letztere Formel, wenn sie so übersetzt würde: »gieb Jedem das Seine« würde eine Unge=

Ungereimtheit sagen; denn man kann niemanden etwas geben, was er schon hat. Wenn sie also einen Sinn haben soll, so müßte sie so lauten: »Tritt in einen Zustand, worin Jedermann das Seine gegen jeden Anderen gesichert seyn kann« (Lex justitiae).

Also sind obenstehende drey classische Formeln zugleich Eintheilungsprincipien des Systems der Rechtspflichten in innere, äußere und in diejenigen, welche die Ableitung der letztern vom Princip der erstern durch Subsumtion enthalten.

B.
Allgemeine Eintheilung der Rechte.

1) Der Rechte, als systematischer Lehren, in das Naturrecht, das auf lauter Principien a priori beruht, und das positive (statuarische) Recht, was aus dem Willen eines Gesetzgebers hervorgeht.

2. Der Rechte als (moralischer) Vermögen Andere zu verpflichten, d. i. als einen gesetzlichen Grund zu den letzteren (titulum), von denen die Obereintheilung die in das angebohrne und erworbene Recht ist, deren ersteres dasjenige Recht ist, welches, unabhängig von allem rechtlichen Act, jedermann von Natur zukommt; das zweyte, das wozu ein solcher Act erfordert wird.

Das

Das angebohrne Mein und Dein kann auch das i n=
nere (meum vel tuum internum) genannt werden;
denn das äußere muß jederzeit erworben werden.

Das angebohrne Recht
ist nur ein einziges.

Freyheit, (Unabhängigkeit von eines andern nö=
thigender Willkühr), sofern sie mit jedes anderen Freyheit
nach einem allgemeinen Gesetz zusammen bestehen kann, ist
dieses einzige, ursprüngliche, jedem Menschen, kraft seiner
Menschheit, zustehende Recht. — Die angebohrne Gleich=
heit, d. i. die Unabhängigkeit nicht zu mehreren von An=
deren verbunden zu werden, als wozu man sie wechselsei=
tig auch verbinden kann; mithin die Qualität des Menschen
sein eigener Herr (sui iuris) zu seyn, imgleichen die
eines unbescholtenen Menschen (iusti), weil er, vor
allem rechtlichen Act, keinem Unrecht gethan hat; endlich
auch die Befugniß, das gegen andere zu thun, was an
sich ihnen das Ihre nicht schmälert, wenn sie sich dessen
nur nicht annehmen wollen; dergleichen ist ihnen bloß seine
Gedanken mitzutheilen, ihnen etwas zu erzählen oder zu
versprechen, es sey wahr und aufrichtig, oder unwahr
und unaufrichtig (veriloquium aut falsiloquium),
weil es bloß auf Ihnen beruht, ob sie ihm glauben wol=
len oder nicht*); — Alle diese Befugnisse liegen schon im
Prin=

---

*) Vorsetzlich, wenn gleich blos leichtsinniger Weise,
Unwahrheit zu sagen, pflegt zwar gewöhnlich Lüge
(menda=

Princip der angebohrnen Freyheit, und sind wirklich von
ihr nicht als Glieder der Eintheilung unter einem höheren Rechtsbegriff) unterscheiden.

Die Absicht, weswegen man eine solche Eintheilung
in das System des Naturrechts (sofern es das angebohrne angeht) eingeführt hat, geht darauf hinaus, damit, wenn über ein erworbenes Recht ein Streit entsteht
und die Frage eintritt, wem die Beweisführung (onus
probandi) obliege, entweder von einer bezweifelten That,
oder, wenn diese ausgemittelt ist, von einem bezweifelten
Recht, derjenige, welcher diese Verbindlichkeit von sich
ablehnt, sich auf sein angebohrnes Recht der Freyheit
(welc

(mendacium) genannt zu werden, weil sie wenigstens so
fern auch schaden kann, daß der, welcher sie treuherzig
nachsagt, als ein Leichtgläubiger anderen zum Gespötte
wird. Im rechtlichen Sinne aber will man, daß nur diejenige Unwahrheit Lüge genannt werde, die einem andern
unmittelbar an seinem Rechte Abbruch thut, z. B. das
falsche Vorgeben eines mit jemanden geschlossenen Vertrags, um ihn um das Seine zu bringen (falsiloquium
dolosum) und dieser Unterschied sehr verwandter Begriffe ist nicht ungegründet; weil es bey der bloßen Erklärung seiner Gedanken immer dem andern frey bleibt, sie
anzunehmen wofür er will, obgleich die gegründete Nachrede, daß dieser ein Mensch sey, dessen Reden man nicht
glauben kann, so nahe an den Vorwurf, ihm einen Lüg-
ner zu nennen, streift, daß die Grenzlinie, die hier das
was zum Jus gehört, von dem, was der Ethik anheim
fällt, nur so eben zu unterscheiden ist.

(welches nun nach seinen verschiedenen Verhältnissen spe=
cificirt wird) methodisch und gleich als nach verschiedenen
Rechtstiteln berufen könne.

Da es nun in Ansehung des angebohrnen, mithin
innern Mein und Dein keine Rechte, sondern nur Ein
Recht giebt, so wird diese Obereintheilung als aus zwey
dem Inhalte nach äußerst ungleichen Gliedern bestehend
in die Prolegomenen geworfen, und die Eintheilung der
Rechtslehre bloß auf das äußere Mein und Dein bezogen
werden können.

Eintheilung der Metaphysik der Sitten überhaupt.

I.

Alle Pflichten sind entweder Rechtspflichten (of=
ficia iuris), d. i. solche, für welche eine äußere Gesetz=
gebung möglich ist, oder Tugendpflichten (officia
virtutis, l. ethica), für welche eine solche nicht möglich
ist; die letztern können aber darum nur keiner äußern Ge=
setzgebung unterworfen werden, weil sie auf einen Zweck
gehen, der (oder welchen zu haben) zugleich Pflicht ist;
sich aber einen Zweck vorzusetzen, das kann durch keine
äußerliche Gesetzgebung bewirket werden, (weil es ein in=
nerer Act des Gemüths ist); obgleich äußere Handlungen
geboten werden mögen, die dahin führen, ohne doch daß
das Subject sie sich zum Zweck macht.

Warum

Warum wird aber die Sittenlehre (Moral) gewöhnlich (nahmentlich vom Cicero) die Lehre von den Pflichten und nicht auch von den Rechten betitelt? da doch die einen sich auf die andern beziehen. — Der Grund ist dieser: Wir kennen unsere eigene Freyheit (von der alle moralische Gesetze, mithin auch alle Rechte sowohl als Pflichten ausgehen) nur durch den moralischen Imperativ, welcher ein pflichtgebietender Satz ist, aus welchem nachher das Vermögen, andere zu verpflichten, d. i. der Begriff des Rechts, entwickelt werden kann.

II.

Da in der Lehre von den Pflichten der Mensch nach der Eigenschaft seines Freyheitsvermögens, welches ganz übersinnlich ist, also auch bloß nach seiner Menschheit, als von physischen Bestimmungen unabhängiger Persönlichkeit (homo noumenon), vorgestellt werden kann und soll, zum Unterschiede von eben demselben, aber als mit jenen Bestimmungen behafteten Subject, dem Menschen (homo phaenomenon), so werden Recht und Zweck wiederum in dieser zwiefachen Eigenschaft auf die Pflicht bezogen, folgende Eintheilung geben.

Einthei-

Eintheilung

nach dem objectiven Verhältnisse des Gesetzes zur Pflicht.

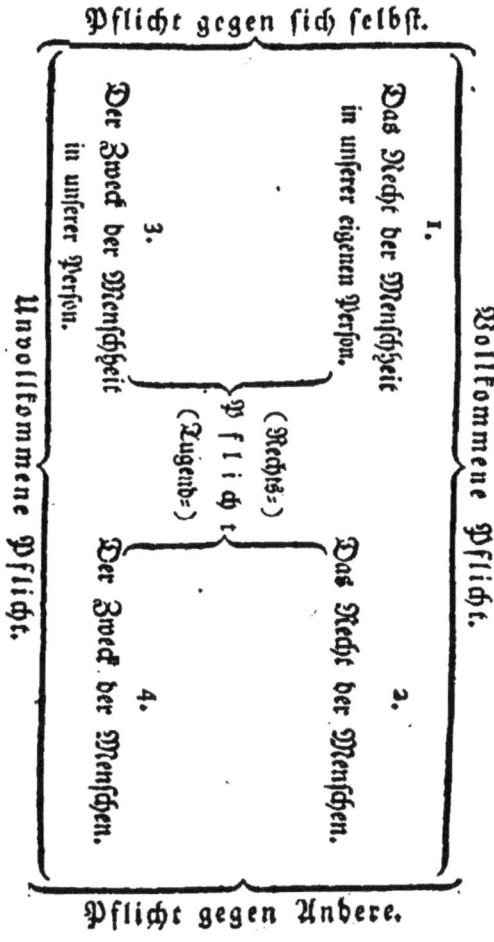

III.

Da die Subjecte, in Ansehung deren ein Verhältniß des Rechts zur Pflicht (es sey statthaft oder unstatthaft) gedacht wird, verschiedene Beziehungen zulaſſen; so wird auch in dieser Abſicht eine Eintheilung vorgenommen werden können.

Eintheilung

nach dem subjectiven Verhältniß der Verpflich- tenden und Verpflichteten.

1.

Das rechtliche Verhältniß des Menschen zu Weſen, die weder Recht noch Pflicht haben.

Vacat.

Denn das ſind vernunftlo- se Weſen, die weder uns ver- binden, noch von welchen wir können verbunden werden.

2.

Das rechtliche Verhältniß des Menschen zu Weſen, die sowohl Recht als Pflicht haben.

Adeſt.

Denn es iſt ein Verhält- niß von Menschen zu Men- schen.

3.

Das rechtliche Verhältniß des Menschen zu Weſen, die lauter Pflichten und keine Rechte haben.

Vacat.

Denn das wären Menschen ohne Perſönlichkeit, (Leibei- gene, Sclaven.)

4.

Das rechtliche Verhältniß des Menschen zu einem We- sen, was lauter Rechte und keine Pflicht hat. (Gott)

Vacat.

Nämlich in der bloßen Phi- loſophie, weil es kein Gegen- stand möglicher Erfahrung iſt.

Also

Also findet sich nur in No. 2. ein reales Verhält=
niß zwischen Recht und Pflicht. Der Grund, warum es
nicht auch in No. 4 angetroffen wird, ist: weil es eine
transscendente Pflicht seyn würde, d. i. eine solche,
der kein äußeres verpflichtendes Subject correspondirend
gegeben werden kann, mithin das Verhältniß in theo=
retischer Rücksicht hier nur ideal, d. i. zu einem Gedan=
kendinge ist, was wir uns selbst, aber doch nicht durch
seinen ganz leeren, sondern, in Beziehung auf uns
selbst und die Maximen der inneren Sittlichkeit, mithin
in practischer innerer Absicht, fruchtbaren Begriff, ma=
chen, worin denn auch unsere ganze immanente (aus=
führbare) Pflicht in diesem blos gedachten Verhältnisse al=
lein besteht.

**Von der Eintheilung der Moral, als eines Systems
der Pflichten überhaupt.**

Elementarlehre. Methodenlehre.

Rechtspflichten. Tugendpflichten. Didaktik. Ascetik.

Privatrecht. öffentliches R.,

und so weiter, alles,
was nicht blos die Materialien, sondern auch die archi=
tectonische Form einer wissenschaftlichen Sittenlehre ent=
hält; wenn dazu die metaphysischen Anfangsgründe die
allgemeinen Principien vollständig ausgespürt haben.

Die

Die oberſte Eintheilung des Naturrechts kann nicht
(wie bisweilen geſchieht) die in das natürliche und
geſellſchaftliche, ſondern muß die ins natürliche und
bürgerliche Recht ſeyn: deren das erſtere das Privat=
recht, das zweyte das öffentliche Recht genannt
wird. Denn dem Naturzuſtande iſt nicht der geſell=
ſchaftliche, ſondern der bürgerliche entgegengeſetzt; weil es in
jenem zwar gar wohl Geſellſchaft geben kann, aber nur
keine bürgerliche (durch öffentliche Geſetze das Mein
und Dein ſichernde), daher das Recht in dem erſteren
das Privatrecht heißt.

Der

Der

Rechtslehre

Erster Theil.

Das Privatrecht.

Der

allgemeinen Rechtslehre

Erster Theil.

Das Privatrecht

vom äußeren Mein und Dein überhaupt.

Erstes Hauptstück.

Von der Art etwas Aeußeres als das Seine zu haben.

§. 1.

Das Rechtlich = Meine (meum juris) ist dasjenige, womit ich so verbunden bin, daß der Gebrauch, den ein Anderer ohne meine Einwilligung von ihm machen möchte, mich lädiren würde. Die subjective Bedingung der Möglichkeit des Gebrauchs überhaupt ist der Besitz.

Etwas Aeußeres aber würde nur dann das Meine seyn, wenn ich annehmen darf, es sey möglich, daß ich durch den Gebrauch, den ein anderer von einer

Sache

Sache macht, in deren Besitz ich doch nicht bin, gleichwohl doch lädirt werden könne. — Also widerspricht es sich selbst, etwas Aeußeres als das Seine zu haben, wenn der Begrif des Besitzes nicht einer verschiedenen Bedeutung, nämlich des sinnlichen und des intelligiblen Besitzes, fähig wäre, und unter dem einen der physische, unter dem andern ein bloßrechtlicher Besitz ebendesselben Gegenstandes verstanden werden könnte.

Der Ausdruck: ein Gegenstand ist außer mir, kann aber entweder so viel bedeuten, als: er ist ein nur von mir (dem Subject) unterschiedener, oder auch ein in einer anderen Stelle (positus), im Raum oder in der Zeit, befindlicher Gegenstand. Nur in der erstern Bedeutung genommen, kann der Besitz als Vernunftbesitz gedacht werden; in der zweyten aber würde er ein empirischer heißen müssen. — Ein intelligibler Besitz (wenn ein solcher möglich ist), ist ein Besitz ohne Inhabung (detentio).

§. 2.

Rechtliches Postulat der practischen Vernunft.

Es ist möglich, einen jeden äußern Gegenstand meiner Willkühr als das Meine zu haben; d. i.: eine Maxime, nach welcher, wenn sie Gesetz würde, ein Gegenstand der Willkühr an sich (objectiv) herrenlos (res nullius) werden müßte, ist rechtswidrig.

Denn

Denn ein Gegenstand meiner Willkühr ist etwas, was zu gebrauchen ich physisch in meiner Macht habe. Sollte es nun doch rechtlich schlechterdings nicht in meiner Macht stehen, d. i. mit der Freyheit von jedermann nach einem allgemeinen Gesetz nicht zusammen bestehen können (unrecht seyn), Gebrauch von demselben zu machen; so würde die Freyheit sich selbst des Gebrauchs ihrer Willkühr in Ansehung eines Gegenstandes derselben berauben, dadurch, daß sie brauchbare Gegenstände außer aller Möglichkeit des Gebrauchs setzte: d. i. diese in practischer Rücksicht vernichtete, und zur res nullius machte; obgleich die Willkühr, formaliter, im Gebrauche der Sachen mit jedermanns äußeren Freyheit nach allgemeinen Gesetzen zusammenstimmete. — Da nun die reine practische Vernunft keine andere als formelle Gesetze des Gebrauchs der Willkühr zum Grunde legt, und also von der Materie der Willkühr, d. i. der übrigen Beschaffenheit des Objekts, wenn es nur ein Gegenstand der Willkühr ist, abstrahirt, so kann sie in Ansehung eines solchen Gegenstandes kein absolutes Verbot seines Gebrauchs enthalten, weil dieses ein Widerspruch der äußeren Freyheit mit sich selbst seyn würde. — Ein Gegenstand meiner Willkühr aber ist das, wovon beliebigen Gebrauch zu machen ich das physische Vermögen habe, dessen Gebrauch in meiner Macht (potentia) steht: wovon noch unterschieden werden muß, denselben Gegenstand in meiner Gewalt (in potestatem meam redactum) zu haben, welches nicht bloß ein Vermögen, sondern auch einen Act der Willkühr voraus setzt. Um aber etwas

was bloß als Gegenstand meiner Willkühr zu denken, ist hinreichend, mir bewußt zu seyn, daß ich ihn in meiner Macht habe. — Also ist es eine Voraussetzung a priori der practischen Vernunft einen jeden Gegenstand meiner Willkühr als objectiv=mögliches Mein oder Dein anzusehen und zu behandeln.

Man kann dieses Postulat ein Erlaubnißgesetz (lex permissiva) der practischen Vernunft nennen, was uns die Befugniß giebt, die wir aus bloßen Begriffen vom Rechte überhaupt nicht herausbringen könnten; nämlich allen andern eine Verbindlichkeit aufzulegen, die sie sonst nicht hätten, sich des Gebrauchs gewisser Gegenstände unserer Willkühr zu enthalten, weil wir zuerst sie in unseren Besitz genommen haben. Die Vernunft will, daß dieses als Grundsatz gelte, und das zwar als practische Vernunft, die sich durch dieses ihr Postulat a priori erweitert.

§. 3.

Im Besitze eines Gegenstandes muß derjenige seyn, der eine Sache als das Seine zu haben behaupten will; denn wäre er nicht in demselben: so könnte er nicht durch den Gebrauch, den der andere ohne seine Einwilligung davon macht, lädirt werden; weil, wenn diesen Gegenstand etwas außer ihm, was mit ihm gar nicht rechtlich verbunden ist, afficirt, ihn selbst (das Subject) nicht afficiren und ihm unrecht thun könnte.

§. 4.

§. 4.

Exposition des Begriffs vom äußeren Mein und Dein

Der äußeren Gegenstände meiner Willkühr können nur drey seyn: 1) eine (körperliche) Sache außer mir; 2) die Willkühr eines anderen zu einer bestimmten That (praestatio); 3) der Zustand eines Anderen im Verhältnisse auf mich; nach den Categorien der Substanz, Caussalität, und Gemeinschaft zwischen mir und äußeren Gegenständen nach Freyheitsgesetzen.

a) Ich kann einen Gegenstand im R a u m e (eine körperliche Sache) nicht mein nennen, außer wenn, o b g l e i c h ich nicht im p h y s i s c h e n Besitz desselben bin, ich dennoch in einem 'anderen wirklichen (also nicht physischen) Besitz desselben zu seyn behaupten darf. — So werde ich einen Apfel nicht darum mein nennen, weil ich ihn in meiner Hand habe (physisch besitze), sondern nur, wenn ich sagen kann: ich besitze ihn, ob ich ihn gleich aus meiner Hand, wohin es auch sey, gelegt habe; imgleichen werde ich von dem Boden, auf den ich mich gelagert habe, nicht sagen können, er sey darum mein; sondern nur, wenn ich behaupten darf, er sey immer noch in meinem Besitz, ob ich gleich diesen Platz verlassen habe. Denn der, welcher mir im erstern Falle (des empirischen Besitzes) den Apfel aus der Hand winden, oder mich von meiner Lagerstäte wegschleppen wollte, würde mich zwar freylich in Ansehung des i n n e r e n
Meinen

Meinen (der Freyheit), aber nicht des äußeren
Meinen lädiren, wenn ich nicht, auch ohne Inhabung, mich im Besitz des Gegenstandes zu seyn behaupten könnte; ich könnte also diese Gegenstände
(den Apfel und das Lager) auch nicht mein nennen.

b) Ich kann die Leistung von etwas durch die Willkühr des andern nicht mein nennen, wenn ich bloß
sagen kann, sie sey mit meinem Versprechen zugleich (pactum re initum) in meinen Besitz gekommen, sondern nur, wenn ich behaupten darf, ich
bin im Besitz der Willkühr des Andern (diesen zur
Leistung zu bestimmen), obgleich die Zeit der Leistung
noch erst kommen soll; das Versprechen des letzteren
gehört demnach zur Haabe und Gut (obligatio
activa) und ich kann sie zu dem Meinen rechnen,
aber nicht bloß, wenn ich das Versprechene (wie
im ersten Falle) schon in meinem Besitz habe, sondern auch, ob ich dieses gleich noch nicht besitze.
Also muß ich mich, als von dem auf Zeitbedingung
eingeschränkten, mithin vom empirischen Besitze, unabhängig, doch im Besitz dieses Gegenstandes zu seyn
denken können.

c) Ich kann ein Weib, ein Kind, ein Gesinde,
und überhaupt eine andere Person nicht darum das
Meine nennen, weil ich sie jetzt als zu meinem
Hauswesen gehörig, befehlige, oder im Zwinger und
in meiner Gewalt und Besitz habe, sondern wenn ich,

ob

ob sie sich gleich dem Zwange entzogen haben, und
ich sie also nicht (empirisch) besitze, dennoch sagen kann, ich besitze sie durch meinen bloßen Willen,
so lange sie irgendwo oder irgendwenn existiren, mithin bloß = rechtlich; sie gehören also zu meiner
Haabe nur alsdann, wenn und so fern ich das Letztere behaupten kann.

§. 5.

Definition des Begrifs des äußeren Mein und Dein.

Die Namenerklärung, d. i. diejenige, welche
bloß zur Unterscheidung des Objects von allen andern zureicht und aus einer vollständigen und bestimmten
Exposition des Begrifs hervorgeht, würde seyn: Das
äußere Meine ist dasjenige außer mir, an dessen mir beliebigen Gebrauch mich zu hindern Läsion (Abbruch an
meiner Freyheit, die mit der Freyheit von Jedermann nach
einem allgemeinen Gesetze zusammen bestehen kann) seyn
würde. — Die Sacherklärung dieses Begrifs aber,
d. i. die, welche auch zur Deduction desselben (der Erkenntniß der Möglichkeit des Gegenstandes) zureicht, lautet nun so: Das äußere Meine ist dasjenige, in dessen
Gebrauch mich zu stöhren Läsion seyn würde, ob ich
gleich nicht im Besitz desselben (nicht Inhaber des
Gegenstandes) bin. — In irgend einem Besitz des äußeren Gegenstandes muß ich seyn, wenn der Gegenstand
mein heißen soll; denn sonst würde der, welcher diesen

Gegen-

Gegenſtand wider meinen Willen afficirte, mich nicht zugleich afficiren, mithin auch nicht lädiren. Alſo muß, zu
Folge des §. 4., ein **intelligibler Beſitz** (poſſeſſio
noumenon) als möglich vorausgeſetzt werden, wenn es
ein äußeres Mein oder Dein geben ſoll; der empiriſche
Beſitz (Inhabung) iſt alsdann nur Beſitz in der **Er-
ſcheinung** (poſſeſſio phaenomenon), obgleich der
Gegenſtand, den ich beſitze, hier nicht ſo, wie es
in der tranſcendentalen Analitik geſchieht, ſelbſt als Er-
ſcheinung, ſondern als Sache an ſich ſelbſt betrachtet
wird; denn dort war es der Vernunft um das theoreti-
ſche Erkenntniß der Natur der Dinge, und, wie weit ſie
reichen könne; hier aber iſt es ihr um practiſche Beſtimmung der Willkühr nach Geſetzen der **Freyheit** zu thun,
der Gegenſtand mag nun durch Sinne, oder auch bloß
den reinen Verſtand erkennbar ſeyn, und das Recht iſt
ein ſolcher reiner practiſcher Vernunftbegrif der Willkühr
unter Freyheitsgeſetzen.

Eben darum ſollte man auch billig nicht ſagen: ein
Recht auf dieſen oder jenen Gegenſtand, ſondern vielmehr
ihn **bloß = rechtlich** beſitzen; denn das Recht iſt ſchon
ein intellectueller Beſitz eines Gegenſtandes, einen Beſitz aber zu beſitzen, würde ein Ausdruck ohne Sinn
ſeyn.

§. 6.

§. 6.

Deduction des Begriffs des blos = rechtlichen Besitzes eines äußeren Gegenstandes (poſſeſſio noumenon).

Die Frage: wie ist ein äußeres Mein und Dein möglich? löst sich nun in diejenige auf: wie ist ein blos = rechtlicher (intelligibler) Besitz möglich? und diese wiederum in die dritte: wie ist ein synthetischer Rechtssatz a priori möglich?

Alle Rechtssätze sind Sätze a priori, denn sie sind Vernunftgesetze (dictamina rationis). Der Rechtssatz a priori in Ansehung des empirischen Besitzes ist analytisch; denn er sagt nichts mehr, als was nach dem Satze des Widerspruchs aus dem letzteren folgt, daß nämlich, wenn ich Inhaber einer Sache (mit ihr also physisch verbunden) bin, derjenige, der sie wider meine Einwilligung afficirt, (z. B. mir den Apfel aus der Hand reißt) das innere Meine (meine Freyheit) afficire und schmälere, mithin in seiner Maxime mit dem Axiom des Rechts im geraden Widerspruch stehe. Der Satz von einem empirischen rechtmäßigen Besitz geht also nicht über das Recht einer Person in Ansehung ihrer selbst hinaus.

Dagegen geht der Satz: von der Möglichkeit des Besitzes einer Sache außer mir, nach Absonderung aller Bedingungen des empirischen Besitzes im Raum und Zeit, (mithin die Voraussetzung der Möglichkeit einer poſſeſſio noumenon) über jene einschränkende Bedingungen hin=

aus

aus, und, weil er einen Besitz auch ohne Inhabung als nothwendig zum Begriffe des äußeren Mein und Dein statuirt, so ist er synthetisch und nun kann es zur Aufgabe für die Vernunft dienen, zu zeigen, wie ein solcher sich über den Begrif des empirischen Besitzes erweiternde Satz a priori möglich sey.

Auf solche Weise ist z. B. die Besitzung eines absonderlichen Bodens ein Act der Privatwillkühr, ohne doch eigenmächtig zu seyn. Der Besitzer fundirt sich auf dem angebohrnen Gemeinbesitze des Erdbodens und dem diesem a priori entsprechenden allgemeinen Willen eines erlaubten Privatbesitzes auf demselben (weil ledige Sachen sonst an sich und nach einem Gesetze zu herrenlosen Dingen gemacht werden würden) und erwirbt durch die erste Besitzung ursprünglich einen bestimmten Boden, indem er jedem andern mit Recht (iure) widersteht, der ihn im Privatgebrauche desselben hindern würde, obzwar als im natürlichen Zustande nicht von rechtswegen (de iure), weil in demselben noch kein öffentliches Gesetz existirt.

Wenn auch gleich ein Boden als frey, d. i. zu jedermanns Gebrauch offen angesehen, oder dafür erklärt würde, so kann man doch nicht sagen, daß er es von Natur und ursprünglich, vor allem rechtlichem Act, frey sey. Denn auch das wäre ein Verhältniß zu Sachen, nämlich dem Boden, der jedermann seinen Besitz verweigerte, sondern, weil diese Freyheit des Bodens ein Verbot für jedermann seyn würde sich desselben zu bedienen;

nen; wozu ein gemeinsamer Besitz desselben erfordert wird,
der ohne Vertrag nicht statt finden kann. Ein Boden
aber, der nur durch diesen frey seyn kann, muß wirklich
im Besitze aller derer (zusammen verbundenen) seyn, die
sich wechselseitig den Gebrauch desselben untersagen, oder
ihn suspendiren.

Diese ursprüngliche Gemeinschaft des Bodens,
und hiemit auch der Sachen auf demselben (communio fundi originaria), ist eine Idee, welche
objective (rechtlich-practische) Realität hat, und ist
ganz und gar von der uranfänglichen (communio primaeua) unterschieden, welche eine Erdichtung
ist; weil diese eine gestiftete Gemeinschaft hätte
seyn und aus einem Vertrage hervorgehen müssen,
durch den alle auf den Privatbesitz Verzicht gethan,
und ein jeder, durch die Vereinigung seiner Besitzung
mit der jedes Andern, jenen in einen Gesammtbesitz
verwandelt habe, und davon müßte uns die Geschichte einen Beweis geben. Ein solches Verfahren
aber als ursprüngliche Besitznehmung anzusehen, und
daß darauf jedes Menschen besonderer Besitz habe gegründet werden können und sollen, ist ein Widerspruch.

Von dem Besitz (possessio) ist noch der Sitz
(sedes) und von der Besitznehmung des Bodens,
in der Absicht ihn dereinst zu erwerben, ist noch die
Niederlassung, Ansiedelung (incolatus) unterschieden, welche ein fortdauernder Privatbesitz eines
Platzes ist, der von der Gegenwart des Subjects auf
demselben abhängt. Von einer Niederlassung als einem zweyten rechtlichen Act, der auf die Besitzneh-

E   mung

mung folgen, oder auch ganz unterbleiben kann,
ist hier nicht die Rede; weil sie kein ursprünglicher,
sondern von der Beistimmung Anderer abgeleiteter Besitz seyn würde.

Der bloße physische Besitz (die Inhabung) des
Bodens, ist schon ein Recht in einer Sache, obzwar
freylich noch nicht hinreichend, ihn als das Meine
anzusehen. Beziehungsweise auf Andere ist er, als
(so viel man weiß) erster Besitz, mit dem Gesetze der
äußern Freyheit einstimmig, und zugleich in dem ursprünglichen Gesammtbesitz enthalten, der a priori
den Grund der Möglichkeit eines Privatbesitzes enthält; mithin den ersten Inhaber eines Bodens in seinem Gebrauch desselben zu stöhren, eine Läsion. Die
erste Besitznehmung hat also einen Rechtsgrund (titulus possessionis) für sich, welcher der ursprünglich gemeinsame Besitz ist, und der Satz: wohl dem,
der im Besitz ist (beati possidentes)! weil Niemand verbunden ist, seinen Besitz zu beurkunden, ist
ein Grundsatz des natürlichen Rechts, der die rechtliche Besitznehmung als einen Grund zur Erwerbung
aufstellt, auf den sich jeder erste Besitzer stützen kann.

In einem theoretischen Grundsatze a priori
müßte nämlich, (zu Folge der Crit. der r. V.) dem
gegebenen Begrif eine Anschauung a priori untergelegt, mithin etwas zu dem Begriffe vom Besitz des
Gegenstandes hinzugethan werden; allein in diesem practischen wird umgekehrt verfahren und alle Bedingungen der Anschauung, welche den empirischen
Besitz begründen, müssen weggeschafft (von ihnen
abgesehen) werden, um den Begrif des Besitzes über

den

den empirischen hinaus zu erweitern und sagen zu
können: ein jeder äußere Gegenstand der Willkühr
kann zu dem rechtlich=Meinen gezählt werden, den
ich (und auch nur so fern ich ihn) in meiner Ge=
-walt habe, ohne im Besitz desselben zu seyn.

Die Möglichkeit eines solchen Besitzes, mithin
die Deduction des Begriffs eines nicht=empirischen
Besitzes, gründet sich auf dem rechtlichen Postulat der
practischen Vernunft; »daß es Rechtspflicht sey, ge=
gen Andere so zu handeln, daß das Aeußere (Brauch=
bare) auch das Seine von irgend jemanden werden
könne,« zugleich mit der Exposition des letzteren Be=
griffs, welcher das äußere Seine auf einen nicht=
physischen Besitz gründet, verbunden. Die Mög=
lichkeit des letzteren kann keineswegs für sich selbst
bewiesen, oder eingesehen werden, (eben weil es ein
Vernunftbegrif ist, dem keine Anschauung gegeben
werden kann), sondern ist eine unmittelbare Folge aus
dem gedachten Postulat. Denn, wenn es nothwen=
dig ist nach jenem Rechtsgrundsatze zu handeln, so
muß auch die intelligibele Bedingung (eines bloß=
rechtlichen Besitzes) möglich seyn. — Es darf auch
niemand befremden, daß die theorethischen Princi=
pien des äußeren Mein und Dein sich im Intelligi=
belen verlieren und kein erweitertes Erkenntniß vor=
stellen, weil der Begriff der Freyheit, auf dem sie be=
ruhen, keiner theoretischen Deduction seiner Möglich=
keit fähig ist, und nur aus dem practischen Gesetze
der Vernunft (dem categorischen Imperativ), als ei=
nem Factum derselben, geschlossen werden kann.

§. 7.

Der Begrif eines blos = rechtlichen Besitzes ist kein
empirischer (von Raum und Zeitbedingungen abhängiger)
Begrif, und gleichwohl hat er practische Realität, d. i.
er muß auf Gegenstände der Erfahrung, deren Erkennt=
niß von jenen Bedingungen unabhängig ist, anwendbar
seyn. — Das Verfahren mit dem Rechtsbegriffe in An=
sehung der letzteren, als des möglichen äußeren Mein und
Dein, ist folgendes: Der Rechtsbegrif, der blos in der
Vernunft liegt, kann nicht unmittelbar auf Erfah=
rungsobjecte, und auf den Begrif eines empirischen Be=
sitzes, sondern muß zunächst auf den reinen Verstandes=
begrif eines Besitzes überhaupt angewandt werden, so
daß, statt der Inhabung (detentio), als einer em=
pirischen Vorstellung des Besitzes, der von allen Raumes=
und Zeitbedingungen abstrahirende Begriff des Habens,
und nur daß der Gegenstand als in meiner Gewalt
(in potestate mea positum esse) sey, gedacht werde;
da dann der Ausdruck des Aeußeren nicht das Daseyn
in einem anderen Orte, als wo ich bin, oder meiner
Willensentschließung und Annahme als in einer anderen
Zeit, wie der des Angebots, sondern nur einen von mir
unterschiedenen Gegenstand bedeutet. Nun will
die practische Vernunft durch ihr Rechtsgesetz, daß ich
das Mein und Dein in der Anwendung auf Gegen=
stände nicht nach sinnlichen Bedingungen, sondern abgese=

hen

hen von demselben, weil es eine Bestimmung der Willkühr nach Freyheitsgesetzen betrift, auch den Besitz desselben denke, indem nur ein Verstandesbegrif unter
Rechtsbegriffe subsumirt werden kann. Also werde ich sagen: ich besitze einen Acker, ob er zwar ein ganz anderer
Platz ist, als worauf ich mich wirklich befinde. Denn
die Rede ist hier nur von einem intellectuellen Verhältniß
zum Gegenstande, so fern ich ihn in meiner Gewalt
habe, (ein von Raumesbestimmungen unabhängiger Verstandesbegrif des Besitzes) und er ist mein, weil mein
zu desselben beliebigem Gebrauch sich bestimmender, Wille
dem Gesetze der äußeren Freyheit nicht widerstreitet. Gerade darin: daß, abgesehen vom Besitz in der Erscheinung (der Inhabung) dieses Gegenstandes meiner Willkühr, die practische Vernunft den Besitz nach Verstandes-
begriffen, nicht nach empirischen, sondern solchen, die a
priori die Bedingungen desselben enthalten können, gedacht wissen will, liegt der Grund der Gültigkeit eines
solchen Begriffs vom Besitze (possessio noumenon) als
einer allgemeingeltenden Gesetzgebung; denn eine solche
ist in dem Ausdrucke enthalten: »dieser äußere Gegenstand
ist mein;« weil allen andern dadurch eine Verbindlichkeit auferlegt wird, die sie sonst nicht hätten, sich des
Gebrauchs desselben zu enthalten.

Die Art also, etwas außer mir als das Meine zu
haben, ist die blos=rechtliche Verbindung des Willens des
Subjects mit jenem Gegenstande, unabhängig von dem
Verhältnisse zu demselben im Raum und in der Zeit, nach
dem

dem Begrif eines intelligibelen Besitzes. — Ein Platz auf
der Erde ist nicht darum ein äußeres Meine, weil ich ihn
mit meinem Leibe einnehme (denn es betrift hier nur meine äußere Freyheit, mithin nur den Besitz meiner selbst,
kein Ding außer mir, und ist also nur ein inneres Recht);
sondern, wenn ich ihn noch besitze, ob ich mich gleich
von ihm weg und an einen andern Ort begeben habe,
nur alsdann betrift es mein äußeres Recht, und derjenige,
der die fortwährende Besetzung dieses Platzes durch meine
Person zur Bedingung machen wollte, ihn als das Meine
zu haben, muß entweder behaupten, es sey gar nicht
möglich, etwas Aeußeres als das Seine zu haben (welches dem Postulat §. 2. widerstreitet), oder er verlangt,
daß, um dieses zu können, ich in zwey Orten zugleich
sey; welches dann aber so viel sagt, als: ich solle an einem Orte seyn und auch nicht seyn, wodurch er sich selbst
widerspricht.

Dieses kann auch auf den Fall angewendet werden,
da ich ein Versprechen acceptirt habe; denn da wird meine
Haabe und Besitz an dem Versprochenen dadurch nicht
aufgehoben, daß der Versprechende zu einer Zeit sagte:
diese Sache soll Dein seyn, eine Zeit hernach aber von
ebenderselben Sache sagt: ich will jetzt, die Sache solle
nicht Dein seyn. Denn es hat mit solchen intellectuellen
Verhältnissen die Bewandniß, als ob jener ohne eine Zeit
zwischen beyden Declarationen seines Willens gesagt hätte,
sie soll Dein seyn, und auch sie soll nicht Dein seyn, was
sich dann selbst widerspricht.

Eben=

Ebendasselbe gilt auch von dem Begriffe des recht=
lichen Besitzes einer Person, als zu der Haabe des Sub=
jects gehörend (sein Weib, Kind, Knecht,): daß näm=
lich diese häusliche Gemeinschaft und der wechselseitige
Besitz des Zustandes aller Glieder derselben, durch die Be=
fugniß sich örtlich von einander zu trennen, nicht auf=
gehoben wird; weil es ein rechtliches Verhältniß ist,
was sie verknüpft, und das äußere Mein und Dein hier,
eben so wie in vorigen Fällen, gänzlich auf der Voraus=
setzung der Möglichkeit eines reinen Vernunftbesitzes ohne
Inhabung beruht.

Zur Critik der rechtlich-practischen Vernunft im
Begriffe des äußeren Mein und Dein, wird diese
eigentlich durch eine Antinomie der Sätze über die
Möglichkeit eines solchen Besitzes genöthigt, d. i. nur
durch eine unvermeidliche Dialectik, in welcher Thesis
und Antithesis beyde auf die Gültigkeit zweyer ein=
ander widerstreitenden Bedingungen gleichen Anspruch
machen, wird die Vernunft auch in ihrem practischen
(das Recht betreffenden) Gebrauch genöthigt, zwischen
dem Besitz als Erscheinung und dem bloß durch den
Verstand denkbaren einen Unterschied zu machen.

Der Satz heißt: Es ist möglich, etwas Aeuß=
seres als das Meine zu haben; ob ich gleich nicht im
Besitz desselben bin.

Der Gegensatz: Es ist nicht möglich, et=
was Aeußeres als das Meine zu haben; wenn ich
nicht im Besitz desselben bin.

Auflösung: Beyde Sätze sind wahr: der er=
stere, wenn ich den empirischen Besitz (possessio

phae-

phaenomenon), der andere, wenn ich unter diesem Worte den reinen intelligibelen Besitz possessio noumenon) verstehe. — Aber die Möglichkeit eines intelligibelen Besitzes, mithin auch des äußeren Mein und Dein läßt sich nicht einsehen, sondern muß aus dem Postulat der practischen Vernunft gefolgert werden, wobei es noch besonders merkwürdig ist: daß diese, ohne Anschauungen selbst, ohne einer a priori zu bedürfen, sich durch bloße, vom Gesetze der Freyheit berechtigte, **Weglassung** empirischer Bedingungen **erweitere** und so **synthetische** Rechtssätze a priori aufstellen kann, deren Beweis (wie bald gezeigt werden soll) nachher in practischer Rüksicht auf analytische Art geführt werden kann.

§. 8.

Etwas Aeußeres als das Seine zu haben, ist nur in einem rechtlichen Zustande, unter einer öffentlich=gesetzgebenden Gewalt, d. i. im bürgerlichen Zustande, möglich.

Wenn ich (wörtlich oder durch die That) erkläre, ich will, daß etwas Aeusseres das Meine seyn solle, so erkläre ich jedem Anderen für verbindlich, sich des Gegenstandes meiner Willkühr zu enthalten: eine Verbindlichkeit, die niemand ohne diesen meinen rechtlichen Act haben würde. In dieser Annaßung aber liegt zugleich das Bekenntniß: jedem Anderen in Ansehung des äußeren Seinen wechselseitig zu einer gleichmäßigen Enthaltung verbunden zu seyn; denn die Verbindlichkeit geht hier aus einer allgemeinen Regel des äußeren rechtlichen Verhält-

nisses

nisses hervor.   Ich bin also nicht verbunden, das äußere
Seine des Anderen unangetastet zu lassen, wenn mich
nicht jeder Andere dagegen auch sicher stellt, er werde in
Ansehung des Meinigen sich nach ebendemselben Princip
verhalten; welche Sicherstellung gar nicht eines besonde=
ren rechtlichen Acts bedarf, sondern schon im Begriffe ei=
ner äußeren rechtlichen Verpflichtung, wegen der Allge=
meinheit, mithin auch der Reciprocität der Verbindlichkeit
aus einer allgemeinen Regel, enthalten ist. — Nun kann
der einseitige Wille in Ansehung eines äußeren, mithin
zufälligen, Besitzes nicht zum Zwangsgesetz für jedermann
dienen, weil das der Freyheit nach allgemeinen Gesetzen
Abbruch thun würde.   Also ist nur ein jeden anderen ver=
bindender, mithin collectiv=allgemeiner (gemeinsamer) und
machthabender Wille, derjenige, welcher jedermann jene
Sicherheit leisten kann. —   Der Zustand aber unter einer
allgemeinen äußeren (d. i. öffentlichen) mit Macht beglei=
teten Gesetzgebung, ist der Bürgerliche.   Also kann es
nur im bürgerlichen Zustande ein äußeres Mein und Dein
geben.

Folgesatz: Wenn es rechtlich möglich seyn muß, ei=
nen äußeren Gegenstand als das Seine zu haben; so muß
es auch dem Subject erlaubt seyn, jeden Anderen, mit
dem es zum Streit des Mein und Dein über ein solches
Object kommt, zu nöthigen, mit ihm zusammen in eine
bürgerliche Verfassung zu treten.

§. 9.

§. 9.

Im Naturzustande kann doch ein wirkliches, aber nur provi=
sorisches äußeres Mein und Dein statt haben.

Das Naturrecht im Zustande einer bürgerlichen Ver=
fassung (d. i. dasjenige, was für die letztere aus Princi=
pien a priori abgeleitet werden kann) kann durch die sta=
tutarischen Gesetze der letzteren nicht Abbruch leiden, und
so bleibt das rechtliche Princip in Kraft: »der, welcher
nach einer Maxime verfährt, nach der es unmöglich wird,
einen Gegenstand meiner Willkühr als das Meine zu ha=
ben, läsirt mich; denn bürgerliche Verfassung ist allein
der rechtliche Zustand, durch welchen jedem das Seine
nur gesichert, eigentlich aber nicht ausgemacht und be=
stimmt wird. — Alle Garantie setzt also das Seine von
jemanden (dem es gesichert wird) schon voraus. Mithin
muß vor der bürgerlichen Verfassung (oder von ihr ab=
gesehen) ein äußeres Mein und Dein als möglich an=
genommen werden, und zugleich ein Recht, jedermann,
mit dem wir irgend auf eine Art in Verkehr kommen
könnten, zu nöthigen, mit uns in eine Verfassung zusam=
men zu treten, worin jenes gesichert werden kann. —
Ein Besitz in Erwartung und Vorbereitung eines solchen
Zustandes, der allein auf einem Gesetz des gemeinsamen
Willens gegründet werden kann, der also zu der Mög=
lichkeit des Letzteren zusammenstimmt, ist ein proviso=
risch=rechtlicher Besitz, wogegen derjenige, der in
einem solchen wirklichen Zustande angetroffen wird, ein
peremtorischer Besitz seyn würde. — Vor dem Ein=

tritt

tritt in diesen Zustand, zu dem das Subject bereit ist,
widersteht er denen mit Recht, die dazu sich nicht bequemen und ihn in seinem einstweiligen Besitz stöhren wollen;
weil der Wille aller Anderen außer ihm selbst, der ihm
eine Verbindlichkeit aufzulegen denkt, von einem gewissen
Besitz abzustehen, bloß einseitig ist, mithin eben so wenig gesetzliche Kraft (als die nur im allgemeinen Willen
angetroffen wird) zum Widersprechen hat, als jener zum
Behaupten, indessen daß der letztere doch dieß voraus hat,
zur Einführung und Errichtung eines bürgerlichen Zustandes zusammenzustimmen. — Mit einem Worte: die Art
etwas Aeußeres als das Seine im Naturzustande zu
haben, ist ein physischer Besitz, der die rechtliche Präsumtion für sich hat, ihn, durch Vereinigung mit dem
Willen Aller in einer öffentlichen Gesetzgebung, zu einem
rechtlichen zu machen, und gilt in der Erwartung com-
parativ für einen rechtlichen.

Dieses Prärogativ des Rechts aus dem empirischen
Besitzstande nach der Formel: wohl dem der im
Besitz ist (beati possidentes) besteht nicht darin: daß, weil er die Präsumtion eines rechtlichen
Mannes hat, er nicht nöthig habe, den Beweis zu
führen, er besitze etwas rechtmäßig (denn das gilt
nur im streitigen Rechte), sondern weil, nach dem
Postulat der practischen Vernunft, jedermann das Vermögen zukommt, einen äußern Gegenstand seiner
Willkühr als das Seine zu haben, mithin jede Inhabung ein Zustand ist, dessen Rechtmäßigkeit sich auf
jenem Postulat durch einen Act des vorhergehenden
Wil-

Willens gründet, und der, wenn nicht ein älterer Besitz eines Anderen von ebendemselben Gegenstande dawider ist, also vorläufig, nach dem Gesetz der äußeren Freyheit, jedermann, der mit mir nicht in den Zustand einer öffentlich gesetzlichen Freyheit treten will, von aller Anmaßung des Gebrauchs eines solchen Gegenstandes abzuhalten berechtigt, um dem Postulat der Vernunft gemäß, eine Sache, die sonst practisch vernichtet seyn würde, seinem Gebrauche zu unterwerfen.

Zweytes Hauptstück.

Von der Art etwas Aeußeres zu erwerben.

§. 10.

Allgemeines Princip der äußeren Erwerbung.

Ich erwerbe etwas, wenn ich mache, (efficio) daß etwas mein werde. — Ursprünglich ist mein dasjenige Aeußere, was auch ohne einen rechtlichen Act mein ist. Eine Erwerbung aber ist ursprünglich diejenige, welche nicht von dem Seinen eines Anderen abgeleitet ist.

Nichts Aeußeres ist ursprünglich mein; wohl aber kann es ursprünglich, d. i. ohne es von dem Seinen irgend eines Anderen abzuleiten, erworben seyn. — Der Zustand der Gemeinschaft des Mein und Dein (communio) kann nie als ursprünglich gedacht, sondern muß (durch einen äußeren rechtlichen Act) erworben werden; obwohl der Besitz eines äußeren Gegenstandes ursprüng-

lich

sich und gemeinsam seyn kann. Auch wenn man sich (problematisch) eine ursprüngliche Gemeinschaft (communio mei et tui originaria) denkt: so muß sie doch von der uranfänglichen (communio primaeua) unterschieden werden, welche, als in der ersten Zeit der Rechtsverhältnisse unter Menschen gestiftet, angenommen wird, und nicht, wie die erstere, auf Principien, sondern nur auf Geschichte gegründet werden kann: wobey die letztere doch immer als erworben und abgeleitet (communio deriuatiua) gedacht werden müßte.

Das Princip der äußeren Erwerbung ist nun: Was ich (nach dem Gesetze der äußeren Freyheit) in meine Gewalt bringe, und wovon, als Object meiner Willkühr, Gebrauch zu machen ich (nach dem Postulat der practischen Vernunft) das Vermögen habe: endlich, was ich (gemäß der Idee eines möglichen vereinigten Willens) will, es solle mein seyn, das ist mein.

Die Momente (attendenda) der ursprünglichen Erwerbung, sind also: 1) die Apprehension eines Gegenstandes der Keinem angehört, widrigenfalls sie der Freyheit Anderer nach allgemeinen Gesetzen widerstreiten würde. Diese Apprehension ist die Besitznehmung des Gegenstandes der Willkühr im Raum und der Zeit; der Besitz also, in den ich mich setze, ist (possessio phaenomenon). 2) Die Bezeichnung (declaratio) des Besitzes dieses Gegenstandes und des Acts meiner Willkühr jeden Anderen davon abzuhalten. 3)
Die

Die Zueignung (appropriatio) als Act eines äußerlich allgemein gesetzgebenden Willens (in der Idee), durch welchen jedermann zur Einstimmung mit meiner Willkühr verbunden wird. — Die Gültigkeit des letzteren Moments der Erwerbung, als worauf der Schlußsatz: der äußere Gegenstand ist mein, beruht, d. i. daß der Besitz, als ein bloß = rechtlicher, gültig (possessio noumenon) sey, gründet sich darauf: daß, da alle diese Actus rechtlich sind, mithin aus der practischen Vernunft hervorgehen, und also in der Frage, was Rechtens ist, von den empirischen Bedingungen des Besitzes abstrahirt werden kann, der Schlußsatz: der äußere Gegenstand ist mein, vom sensibelen auf den intelligibelen Besitz richtig geführt wird.

Die ursprüngliche Erwerbung eines äußeren Gegenstandes der Willkühr, heißt Bemächtigung (occupatio) und kann nicht anders, als an körperlichen Dingen (Substanzen) statt finden. Wo nun eine solche statt findet, bedarf sie zur Bedingung des empirischen Besitzes die Priorität der Zeit vor jedem Anderen, der sich einer Sache bemächtigen will (qui prior tempore potior iure). Sie ist als ursprünglich auch nur die Folge von einseitiger Willkühr; denn wäre dazu eine doppelseitige erforderlich, so würde sie von dem Vertrage zweyer (oder mehrerer Personen, folglich von dem Seinen Anderer abgeleitet seyn. — Wie ein solcher Act der Willkühr als jener ist, das Seine für jemanden begründen könne, ist nicht leicht einzusehen. — Indessen ist die erste Erwerbung

doch

doch darum sofort nicht die ursprüngliche. Denn die Erwerbung eines öffentlichen rechtlichen Zustandes durch Vereinigung des Willens Aller zu einer allgemeinen Gesetzgebung wäre eine solche, vor der keine vorhergehen darf, und doch wäre sie von dem besonderen Willen eines jeden abgeleitet und allseitig: da eine ursprüngliche Erwerbung nur aus dem einseitigen Willen hervorgehen kann.

Eintheilung.
der Erwerbung des äußeren Mein und Dein.

1) Der Materie (dem Objecte) nach erwerbe ich entweder eine körperliche Sache, (Substanz) oder die Leistung (Caussalität) eines Anderen oder diese andere Person selbst, d. i. den Zustand derselben, so fern ich ein Recht erlange, über denselben zu verfügen, (das Commercium mit derselben).

2) Der Form (Erwerbungsart) nach ist es entweder ein Sachenrecht (ius reale) oder persönliches Recht (ius personale) oder ein dinglich = persönliches Recht (ius realiter personal.) des Besitzes (obzwar nicht des Gebrauchs) einer andern Person als einer Sache.

3) Nach dem Rechtsgrunde (titulus) der Erwerbung; welches eigentlich kein besonderes Glied der Eintheilung

theilung der Rechte, aber doch ein Moment der Art ihrer Ausübung ist: entweder durch den Act einer einseitigen, oder doppelseitigen, oder allseitigen Willkühr, wodurch etwas Aeußeres (facto, pacto, lege,) erworben wird.

Erster Abschnitt.

Vom Sachenrecht.

§. 11.

Was ist ein Sachenrecht?

Die gewöhnliche Erklärung des Rechts in einer Sache (ius reale, ius in re) »es sey das Recht gegen jeden Besitzer derselben« ist eine richtige Nominaldefinition. — Aber, was ist das, was da macht, daß ich mich wegen eines äußeren Gegenstandes an jeden Inhaber desselben halten, und ihn (per vindicationem) nöthigen kann, mich wieder in Besitz desselben zu setzen? Ist dieses äußere rechtliche Verhältniß meiner Willkühr etwa ein unmittelbares Verhältniß zu einem körperlichen Dinge? So müßte derjenige, welcher sein Recht nicht unmittelbar auf Personen, sondern auf Sachen bezogen denkt, es sich freylich, (obzwar nur auf dunkele Art) vorstellen: nämlich, weil dem Recht auf einer Seite eine Pflicht auf der andern correspondirt, daß die äußere Sache, ob sie zwar dem ersten Besitzer abhanden gekommen, diesem doch immer verpflichtet bleibe, d. i. sich

ſich jedem anmaßlichen anderen Beſitzer weigere, weil ſie
jenem ſchon verbindlich iſt, und ſo mein Recht, gleich einem die Sache begleitenden und vor allem fremden Angriffe bewahrenden Genius, den fremden Beſitzer immer
an mich weiſe. Es iſt alſo ungereimt, ſich Verbindlichkeit einer Perſon gegen Sachen und umgekehrt zu denken,
wenn es gleich allenfalls erlaubt werden mag, das rechtliche Verhältniß durch ein ſolches Bild zu verſinnlichen,
und ſich ſo auszudrücken.

Die Realdefinition würde daher ſo lauten müſſen:
Das Recht in einer Sache iſt ein Recht des Pri-
vatgebrauchs einer Sache, in deren (urſprünglichen, oder
geſtifteten) Geſammbeſitze ich mit allen andern bin.
Denn das Letztere iſt die einzige Bedingung, unter der es
allein möglich iſt, daß ich jeden anderen Beſitzer vom
Privatgebrauch der Sache ausſchließe (ius contra quem-
libet huius rei poſſeſſorém), weil, ohne einen ſolchen
Geſammtbeſitz vorauszuſetzen, ſich gar nicht denken läßt,
wie ich, der ich doch nicht im Beſitz der Sache bin, von
Andern, die es ſind, und die ſie brauchen, lädirt werden
könne. — Durch einſeitige Willkühr kann ich keinen Andern verbinden, ſich des Gebrauchs einer Sache zu enthalten, wozu er ſonſt keine Verbindlichkeit haben würde:
alſo nur durch vereinigte Willkühr in einem Geſammtbeſitze.
Sonſt müßte ich mir ein Recht in einer Sache denken:
als ob die Sache gegen mich eine Verbindlichkeit hätte,
und davon allererſt das Recht gegen jeden Beſitzer derſelben ableiten; welches eine ungereimte Vorſtellungsart iſt.

Unter

Unter dem Wort: Sachenrecht (ius reale) wird übrigens nicht bloß das Recht in einer Sache (ius in re) sondern auch der Inbegrif aller Gesetze, die das dingliche Mein und Dein betreffen, verstanden. — Es ist aber klar, daß ein Mensch, der auf Erden ganz allein wäre, eigentlich kein äußeres Ding als das Seine haben, oder erwerben könnte; weil zwischen ihm, als Person, und allen anderen äußeren Dingen, als Sachen, es gar kein Verhältniß der Verbindlichkeit giebt. Es giebt also, eigentlich und buchstäblich verstanden, auch kein (directes) Recht in einer Sache, sondern nur dasjenige wird so genannt, was jemanden gegen eine Person zukommt, die mit allen Anderen (im bürgerlichen Zustande) im gemeinsamen Besitz ist.

§. 12.

Die erste Erwerbung einer Sache kann keine andere als die des Bodens seyn.

Der Boden (unter welchem alles bewohnbare Land verstanden wird) ist, in Ansehung alles Beweglichen auf demselben, als Substanz, die Existenz des Letzteren aber nur als Inhärenz zu betrachten und so, wie im theoretischen Sinne die Accidenzen nicht außerhalb der Substanz existiren können, so kann im practischen das Bewegliche auf dem Boden nicht das Seine von jemanden seyn, wenn dieser nicht vorher als im rechtlichen Besitz desselben befindlich (als das Seine desselben angenommen wird.

Denn

Denn ſetzet, der Boden gehöre niemanden an: ſo werde ich jede bewegliche Sache, die ſich auf ihm befindet, aus ihrem Platze ſtoßen können, um ihn ſelbſt einzunehmen, bis ſie ſich gänzlich verliert, ohne daß der Freyheit irgend eines Anderen, der jetzt gerade nicht Inhaber deſſelben iſt, dadurch Abbruch geſchieht; alles aber, was zerſtöhrt werden kann, ein Baum, Haus, u. ſ. w. iſt (wenigſtens der Materie nach) beweglich, und wenn man die Sache, die ohne Zerſtöhrung ihrer Form nicht bewegt werden kann, ein Immobile nennt, ſo wird das Mein und Dein an jener nicht von der Subſtanz, ſondern dem ihr Anhängenden verſtanden, welches nicht die Sache ſelbſt iſt.

§. 13.

Ein jeder Boden kann urſprünglich erworben werden, und der Grund der Möglichkeit dieſer Erwerbung iſt die urſprüngliche Gemeinſchaft des Bodens überhaupt.

Was das erſte betrifft, ſo gründet ſich dieſer Satz auf dem Poſtulat der practiſchen Vernunft (§. 2): das zweyte, auf folgenden Beweis.

Alle Menſchen ſind urſprünglich (d. i. vor allem rechtlichem Act der Willkühr) im rechtmäßigen Beſitz des Bodens, d. i. ſie haben ein Recht, da zu ſeyn, wohin ſie die Natur, oder der Zufall (ohne ihren Willen) geſetzt hat. Der Beſitz (poſſeſſio), der vom Sitz (ſedes), als einem willkührlichen, mithin erworbenen, dauernden

Beſitz

Besitz unterschieden ist, ist ein gemeinsamer Besitz, wegen der Einheit aller Plätze auf der Erdfläche, als Kugelfläche; weil, wenn sie eine unendliche Ebene wäre, die Menschen sich darauf so zerstreuen könnten, daß sie in gar keine Gemeinschaft mit einander kämen, diese also nicht eine nothwendige Folge von ihrem Daseyn auf Erden wäre. — Der Besitz aller Menschen auf Erden, der vor allem rechtlichen Act derselben vorhergeht, (von der Natur selbst constituirt ist) ist ein ursprünglicher Gesammtbesitz (communio possessionis originaria), dessen Begriff nicht empirisch und von Zeitbedingungen abhängig ist, wie etwa der gedichtete aber nie erweisliche eines uranfänglichen Gesammtbesitzes (communio primaeua), sondern ein practischer Vernunftbegrif, der a priori das Princip enthält, nach welchem allein die Menschen den Platz auf Erden nach Rechtsgesetzen gebrauchen können.

§. 14.

Der rechtliche Act dieser Erwerbung ist Bemächtigung (occupatio).

Die Besitznehmung (apprehensio), als der Anfang der Inhabung einer körperlichen Sache im Raume (possessionis physicae), stimmt unter keiner anderen Bedingung mit dem Gesetze der äußeren Freyheit von jedermann (mithin a priori) zusammen, als unter der Priorität in Ansehung der Zeit, d. i. nur als erste Besitznehmung, (prior apprehensio) welche ein Act der

Will-

Willkühr ist. Der Wille aber, die Sache (mithin auch ein bestimmter abgetheilter Platz auf Erden) solle Mein seyn, d. i. die Zueignung (appropriatio) kann in einer ursprünglichen Erwerbung nicht anders als einseitig (voluntas vnilateralis s. propria) seyn. Die Erwerbung eines äußeren Gegenstandes der Willkühr durch einseitigen Willen ist die Bemächtigung. Also kann die ursprüngliche Erwerbung desselben, mithin auch eines abgemessenen Bodens nur durch Bemächtigung (occupatio) geschehen. —

Die Möglichkeit auf solche Art zu erwerben, läßt sich auf keine Weise einsehen, noch durch Gründe darthun, sondern ist die unmittelbare Folge aus dem Postulat der practischen Vernunft. Derselbe Wille aber kann doch eine äußere Erwerbung nicht anders berechtigen, als nur so fern er in einem a priori vereinigten (d. i. durch die Vereinigung der Willkühr Aller, die in ein practisches Verhältniß gegen einander kommen können) absolut gebietenden Willen enthalten ist; denn der einseitige Wille (wozu auch der doppelseitige, aber doch besondere Wille gehört) kann nicht jedermann eine Verbindlichkeit auflegen, die an sich zufällig ist, sondern dazu wird ein allseitiger nicht zufällig, sondern a priori, mithin nothwendig vereinigter und darum allein gesetzgebender Wille erfordert; denn nur nach dieses seinem Princip ist Uebereinstimmung der freyen Willkühr eines jeden mit der Freyheit von jedermann, mithin ein Recht überhaupt, und also auch ein äußeres Mein und Dein möglich.

§. 15.

§. 15.

Nur in einer bürgerlichen Verfassung kann etwas p e r e m t o -
r i s c h, dagegen im Naturzustande zwar auch, aber nur p r o v i -
s o r i s c h, erworben werden.

Die bürgerliche Verfassung, obzwar ihre Wirklichkeit
subjectiv zufällig ist, ist gleichwohl objectiv d. i. als Pflicht,
nothwendig. Mithin giebt es in Hinsicht auf dieselbe und
ihre Stiftung ein wirkliches Rechtsgesetz der Natur, dem
alle äußere Erwerbung unterworfen ist.

Der e m p i r i s c h e Titel der Erwerbung war die
auf ursprüngliche Gemeinschaft des Bodens gegründete
physische Besitznehmung (apprehensio physica), welchem, weil dem Besitz nach Vernunftbegriffen des Rechts
nur ein Besitz in der Erscheinung untergelegt werden
kann, der einer intellectuellen Besitznehmung (mit Weglassung aller empirischen Bedingungen in Raum und Zeit)
correspondiren muß, und die den Satz gründet: "was
ich nach Gesetzen der äußeren Freyheit in meine Gewalt
bringe, und will, es solle mein seyn, das wird mein."

Der Vernunfttitel der Erwerbung aber kann nur
in der Idee eines a priori vereinigten, (nothwendig zu vereinigenden) Willens Aller liegen, welche hier als unum-
gängliche Bedingung (conditio sine qua non) stillschweigend vorausgesetzt wird; denn durch einseitigen
Willen kann Anderen eine Verbindlichkeit, die sie für sich
sonst nicht haben würden, nicht auferlegt werden. —
Der

Der Zustand aber eines zur Gesetzgebung allgemein wirklich vereinigten Willens ist der bürgerliche Zustand. Also nur in Conformität mit der Idee eines bürgerlichen Zustandes, d. i. in Hinsicht auf ihn und seine Bewirkung, aber vor der Wirklichkeit desselben, (denn sonst wäre die Erwerbung abgeleitet) mithin nur provisorisch kann etwas Aeußeres ursprünglich erworben werden. — Die peremtorische Erwerbung findet nur im bürgerlichen Zustande statt.

Gleichwohl ist jene provisorische, dennoch eine wahre Erwerbung; denn, nach dem Postulat der rechtlich=practischen Vernunft, ist die Möglichkeit derselben, in welchem Zustande die Menschen neben einander seyn mögen, (also auch im Naturzustande) ein Princip des Privatrechts, nach welchem jeder zu demjenigen Zwange berechtigt ist, durch welchen es allein möglich wird, aus jenem Naturzustande heraus zu gehen, und in den bürgerlichen, der allein alle Erwerbung peremtorisch machen kann, zu treten.

Es ist die Frage: wie weit erstreckt sich die Befugniß der Besitznehmung eines Bodens? So weit, als das Vermögen ihn in seiner Gewalt zu haben, d. i. als der, so ihn sich zueignen will, ihn vertheidigen kann; gleich als ob der Boden spräche: wenn ihr mich nicht beschützen könnt, so könnt ihr mir auch nicht gebieten. Darnach müßte also auch der Streit über das freye oder verschlossene Meer entschieden werden; z. B. innerhalb der Weite, wohin die

Kano=

Kanonen reichen, darf niemand an der Küste eines
Landes, das schon einem gewissen Staat zugehört,
fischen, Bernstein aus dem Grunde der See holen,
u. dergl. — Ferner: ist die Bearbeitung des Bodens
(Gebauung, Beackerung, Entwässerung u. dergl.)
zur Erwerbung desselben nothwendig? Nein! denn,
da diese Formen (der Specificirung) nur Accidenzen
sind, so machen sie kein Object eines unmittelbaren
Besitzes aus, und können zu dem des Subjects nur
gehören, so fern die Substanz vorher als das Seine
desselben anerkannt ist. Die Bearbeitung ist, wenn
es auf die Frage von der ersten Erwerbung ankommt,
nichts weiter als ein äußeres Zeichen der Besitznehmung, welches man durch viele andere, die weniger
Mühe kosten, ersetzen kann. — Ferner: darf man
wohl jemanden in dem Act seiner Besitznehmung
hindern, so daß keiner von beyden des Rechts der
Priorität theilhaftig werde, und so der Boden immer
als keinem angehörig frey bleibe? Gänzlich kann
diese Hinderung nicht statt finden, weil der Andere,
um dieses thun zu können, sich doch auch selbst auf
irgend einem benachbarten Boden befinden muß, wo
er also selbst behindert werden kann zu seyn, mithin
eine absolute Verhinderung ein Widerspruch wäre;
aber respectiv auf einen gewissen (zwischenliegen-
den) Boden, diesen, als neutral, zur Scheidung
zweyer Benachbarten unbenutzt liegen zu lassen, würde doch mit dem Rechte der Bemächtigung zusammen
bestehen; aber alsdann gehört wirklich dieser Boden
Beyden gemeinschaftlich, und ist nicht herrenlos
(res nullius) eben darum, weil er von beyden das

zu gebraucht wird, um sie von einander zu scheiden. — Ferner kann man auf einem Boden, davon kein Theil das Seine von jemanden ist, doch eine Sache als die Seine haben? Ja, wie in der Mongolei jeder sein Gepäcke, was er hat, liegen lassen, oder sein Pferd, was ihm entlaufen ist, als das Seine in seinen Besitz bringen kann, weil der ganze Boden dem Volk, der Gebrauch desselben also jedem einzelnen zusteht; daß aber jemand eine bewegliche Sache auf dem Boden eines Anderen als das Seine haben kann, ist zwar möglich, aber nur durch Vertrag. — Endlich ist die Frage: können zwey benachbarte Völker (oder Familien) einander widerstehen, eine gewisse Art des Gebrauchs eines Bodens anzunehmen, z. B. die Jagdvölker dem Hirtenvolk, oder den Ackerleuten, oder diese den Pflanzern, u. dergl.? Allerdings; denn die Art, wie sie sich auf dem Erdboden überhaupt ansässig machen wollen, ist, wenn sie sich innerhalb ihrer Grenzen halten, eine Sache des bloßen Beliebens (res merae facultatis).

Zuletzt kann noch gefragt werden: ob, wenn uns weder die Natur, noch der Zufall, sondern blos unser eigener Wille in Nachbarschaft mit einem Volke bringt, welches keine Aussicht zu einer bürgerlichen Verbindung mit ihm verspricht, wir nicht, in der Absicht diese zu stiften und diese Menschen (Wilde) in einen rechtlichen Zustand zu versetzen (wie etwa die Americanischen Wilden, die Hottentotten, die Neuholländer) befugt seyn sollten, allenfalls mit Gewalt, oder

(wel-

(welches nicht viel besser ist) durch betrügerischen
Kauf, Colonien zu errichten und so Eigenthümer ihres Bodens zu werden, und, ohne Rücksicht auf ihren
ersten Besitz, Gebrauch von unserer Ueberlegenheit zu
machen; zumal es die Natur selbst (als die das Leere
verabscheuet) so zu fordern scheint, und große Landstriche in anderen Welttheilen an gesitteten Einwohnern sonst Menschenleer geblieben wären, die jetzt herr-
lich bevölkert sind, oder gar auf immer bleiben müß-
ten, und so der Zweck der Schöpfung vereitelt werden
würde? Allein man sieht durch diesen Schleyer der
Ungerechtigkeit (Jesuitism), alle Mittel zu guten
Zwecken zu billigen, leicht durch; diese Art der Erwerbung des Bodens ist also verwerflich.

Die Unbestimmtheit, in Ansehung der Quantität
sowohl als der Qualität des äußeren erwerblichen Objects, macht diese Aufgabe (der einzigen ursprünglichen
äußeren Erwerbung) unter allen zur schweresten sie
aufzulösen. Irgend eine ursprüngliche Erwerbung des
Aeußeren aber muß es indessen doch geben; denn abgeleitet kann nicht alle seyn. Daher kann man diese
Aufgabe auch nicht als unauflöslich und als an sich
unmöglich aufgeben. Aber, wenn sie auch durch den ursprünglichen Vertrag aufgelöset wird, so wird, wenn
dieser sich nicht aufs ganze menschliche Geschlecht erstreckt, die Erwerbung doch immer nur provisorisch
bleiben.

§. 16.

§. 16.

Exposition des Begrifs einer ursprünglichen Erwerbung des
Bodens.

Alle Menschen sind ursprünglich in einem Gesammt=
Besitz des Bodens der ganzen Erde (communio fundi
originaria), mit dem ihnen von Natur zustehenden Wil=
len (eines jeden) denselben zu gebrauchen (lex justi),
der, wegen der natürlich unvermeidlichen Entgegensetzung
der Willkühr des Einen gegen die des Anderen, allen Ge=
brauch desselben aufheben würde, wenn nicht jener zugleich
das Gesetz für diese enthielte, nach welchem einem jeden
ein besonderer Besitz auf dem gemeinsamen Boden
bestimmt werden kann (lex iuridica). Aber das aus=
theilende Gesetz des Mein und Dein eines jeden am Bo=
den kann, nach dem Axiom der äußeren Freyheit, nicht
anders als aus einem ursprünglich und a priori ver=
einigten Willen (der zu dieser Vereinigung keinen rechtli=
chen Act voraussetzt), mithin nur im bürgerlichen Zu=
stande, hervorgehen (lex iustitiae distributivae), der
allein was recht, was rechtlich und was Rechtens
ist, bestimmt. — In diesem Zustand aber, d. i. vor
Gründung und doch in Absicht auf denselben, d. i. pro=
visorisch, nach dem Gesetz der äußeren Erwerbung zu
verfahren, ist Pflicht, folglich auch rechtliches Ver=
mögen des Willens jedermann zu verbinden, den Act
der Besitznehmung und Zueignung, ob er gleich nur ein=
seitig anzuerkennen; mithin ist eine provisorische Erwerbung
des Bodens, mit allen ihren rechtlichen Folgen, möglich.

Eine

Eine ſolche Erwerbung aber bedarf doch und hat auch eine Gunſt des Geſetzes (lex permiſſiua), in Anſehung der Beſtimmung der Grenzen des rechtlich möglichen Beſitzes, für ſich; weil ſie vor dem rechtlichen Zuſtande vorhergeht, und, als bloß dazu einleitend, noch nicht peremtoriſch iſt, welche Gunſt ſich aber nicht weiter erſtreckt, als bis zur Einwilligung Anderer (theilnehmender) zu Errichtung der Letzteren, bey dem Widerſtande derſelben aber in dieſen (den Bürgerlichen) zu treten, und ſo lange derſelbe währt, allen Effect einer rechtmäßigen Erwerbung bey ſich führt, weil dieſer Ausgang auf Pflicht gegründet iſt.

§. 17.

Deduction des Begrifs der urſprünglichen Erwerbung.

Wir haben den Titel der Erwerbung in einer urſprünglichen Gemeinſchaft des Bodens, mithin unter Raums-Bedingungen eines äußeren Beſitzes, die Erwerbungsart aber in den empiriſchen Bedingungen der Beſitznehmung (apprehenſio), verbunden mit dem Willen, den äußeren Gegenſtand als den ſeinen zu haben, gefunden. Nun iſt noch nöthig die Erwerbung ſelbſt, d. i. das äußere Mein und Dein, was aus beyden gegebenen Stücken folgt, nämlich den intelligibelen Beſitz (poſſeſſio noumenon) des Gegenſtandes, nach dem was ſein Begrif enthält, aus den Principien der reinen rechtlich-practiſchen Vernunft zu entwickeln.

Der Rechtsbegrif vom äußeren Mein und Dein, ſo fern es Subſtanz iſt, kann, was das Wort außer

mir

mir betrift, nicht einen anderen Ort, als wo ich bin,
bedeuten: denn er ist ein Vernunftbegriff; sondern, da unter diesem nur ein reiner Verstandesbegrif subsumirt werden kann, bloß etwas von mir Unterschiedenes und den
eines nicht empirischen Besitzes (der gleichsam fortdauernden Apprehension), sondern nur den des in meiner Gewalt = habens (die Verknüpfung desselben mit mir als
subjective Bedingung der Möglichkeit des Gebrauchs) des
äußeren Gegenstandes, welcher ein reiner Verstandesbegrif ist, bedeuten. Nun ist die Weglassung, oder das
Absehen (Abstraction) von diesen sinnlichen Bedingungen
des Besitzes, als eines Verhältnisses der Person zu Gegenständen, die keine Verbindlichkeit haben, nichts
anderes als das Verhältniß einer Person zu Personen, diese alle durch den Willen der ersteren, so fern er
dem Axiom der äußeren Freyheit, dem Postulat des
Vermögens und der allgemeinen Gesetzgebung des a
priori als vereinigt gedachten Willens gemäß ist, in Ansehung des Gebrauchs der Sachen zu verbinden, welches also der intelligibele Besitz derselben, d. i. der
durchs bloße Recht, ist, obgleich der Gegenstand (die
Sache, die ich besitze) ein Sinnenobject ist.

Daß die erste Bearbeitung, Begränzung, oder überhaupt Formgebung eines Bodens keinen Titel der
Erwerbung desselben, d..i. der Besitz des Accidens
nicht ein Grund des rechtlichen Besitzes der Substanz
abgeben könne, sondern vielmehr umgekehrt das Mein
und Dein nach der Regel (accessorium sequitur
suum principale) aus dem Eigenthum der Substanz

stanz gefolgert werden müsse, und daß der, welcher
an einen Boden, der nicht schon vorher der Seine
war, Fleiß verwendet, seine Mühe und Arbeit gegen den Ersteren verlohren hat, ist für sich selbst so
klar, daß man jene so alte und noch weit und breit
herrschende Meinung schwerlich einer anderen Ursache
zuschreiben kann, als der in geheim obwaltenden Täuschung, Sachen zu personificiren, und, gleich als ob
jemand sie sich durch an sie verwandte Arbeit verbindlich machen könne, keinem Anderen als ihm zu
Diensten zu stehen, unmittelbar gegen sie sich
ein Recht zu denken; denn wahrscheinlicherweise würde man auch nicht so leichten Fußes über die natürliche Frage (von der oben schon Erwähnung geschehen) weggeglitten seyn: »wie ist ein Recht in einer
Sache möglich?« Denn das Recht gegen einen jeden Besitzer einer Sache bedeutet nur die Befugniß
der besonderen Willkühr zum Gebrauch eines Objects,
so fern sie als im synthetisch-allgemeinen Willen enthalten, und mit dem Gesetze desselben zusammenstim-
mend gedacht werden kann.

Was die Körper auf einem Boden betrift, der
schon der meinige ist, so gehören sie, wenn sie sonst
keines Anderen sind, mir zu, ohne daß ich zu diesem Zweck eines besonderen rechtlichen Acts bedürfte
(nicht facto sondern lege); nämlich, weil sie als
der Substanz inhärirende Accidenzen betrachtet werden können (iure rei meae), wozu auch Alles gehört, was mit meiner Sache so verbunden ist, daß
ein Anderer sie von dem Meinen nicht trennen kann,

ohne

ohne dieses selbst zu verändern (z. B. Vergoldung, Mischung eines mir zugehörigen Stoffes mit andern Materien, Anspühlung oder auch Veränderung des anstoßenden Strohmbettes, und dadurch geschehende Erweiterung meines Bodens, u. s. w.) Ob aber der erwerbliche Boden sich noch weiter als das Land, nämlich auch auf eine Strecke des Seegrundes hinaus, (das Recht noch an meinen Ufern zu fischen, oder Bernstein herauszubringen, u. dergl.) sich ausdehnen lasse, muß nach ebendenselben Grundsätzen beurtheilt werden. So weit ich aus meinem Sitze mechanisches Vermögen habe, meinen Boden gegen den Eingrif Anderer zu sichern (z. B. so weit die Kanonen vom Ufer abreichen), gehört zu meinem Besitz und das Meer ist bis dahin geschlossen (mare clausum). Da aber auf dem weiten Meere selbst kein Sitz möglich ist, so kann der Besitz auch nicht bis dahin ausgedehnt werden und offene See ist frey (mare liberum). Das Stranden aber, es sey der Menschen, oder der ihnen zugehörigen Sachen, kann, als unvorsetzlich, von dem Strandeigenthümer nicht zum Erwerbrecht gezählt werden; weil es nicht Läsion (ja überhaupt kein Factum) ist, und die Sache, die auf einen Boden gerathen ist, der doch irgend einem angehört, nicht als res nullius behandelt werden kann. Ein Fluß dagegen kann, so weit der Besitz seines Ufers reicht, so gut wie ein jeder Landboden, unter obbenannten Einschränkungen ursprünglich von dem erworben werden, der im Besitze beyder Ufer ist.

* *

Der

Der äußere Gegenstand, welcher der Substanz nach das Seine von jemanden ist, ist dessen **Eigenthum** (dominium), welchem alle Rechte in dieser Sache (wie Accidenzen der Substanz) inhäriren, über welche also der Eigenthümer (dominus) nach Belieben verfügen kann (ius disponendi de re sua). Aber hieraus folgt von selbst: daß ein solcher Gegenstand nur eine körperliche Sache (gegen die man keine Verbindlichkeit hat) seyn könne, daher ein Mensch sein eigener Herr, (sui iuris) aber nicht Eigenthümer von sich selbst (sui dominus) (über sich nach Belieben disponiren zu können) geschweige denn von anderen Menschen seyn kann, weil er der Menschheit in seiner eigenen Person verantwortlich ist; wiewohl dieser Punct, der zum Rechte der Menschheit, nicht dem der Menschen gehört, hier nicht seinen eigentlichen Platz hat, sondern nur beyläufig zum besseren Verständniß des kurz vorher gesagten angeführt wird. — Es kann ferner zwey volle Eigenthümer einer und derselben Sache geben, ohne ein gemeinsames Mein und Dein, sondern nur als gemeinsame Besitzer dessen, was nur **einem** als das Seine zugehört, wenn, von den sogenannten Miteigenthümern (condomini), einem nur der ganze Besitz ohne Gebrauch, dem Anderen aber aller Gebrauch der Sache sammt dem Besitz zukommt, jener also (dominus directus) diesen (dominus vtilis) nur auf die Bedingung einer beharrlichen Leistung restringirt, ohne dabey seinen Gebrauch zu limitiren.

Zwey-

Zweyter Abſchnitt.

Vom perſönlichen Recht.

§. 18.

Der Beſitz der Willkühr eines Anderen, als Vermögen ſie, durch die meine, nach Freyheitsgeſetzen zu einer
gewiſſen That zu beſtimmen, (das äußere Mein und Dein
in Anſehung der Cauſſalität eines Anderen) iſt e i n Recht
(dergleichen ich mehrere gegen eben dieſelbe Perſon oder
gegen Andere haben kann): der Inbegrif (das Syſtem)
der Geſetze aber, nach welchen ich in dieſem Beſitz ſeyn
kann, das perſonliche Recht, welches nur ein einziges iſt.

Die Erwerbung eines perſönlichen Rechts kann niemals urſprünglich und eigenmächtig ſeyn (denn eine ſolche
würde nicht dem Princip der Einſtimmung der Freyheit
meiner Willkühr mit der Freyheit von jedermann gemäß,
mithin unrecht ſeyn). Eben ſo kann ich auch nicht durch
r e c h t s w i d r i g e That eines Anderen (facto iniuſto alterius) erwerben; denn wenn dieſe Läſion mir auch ſelbſt
widerfahren wäre, und ich von dem Anderen mit Recht
Genugthuung fordern kann, ſo wird dadurch doch nur das
Meine unvermindert erhalten, aber nichts über das, was
ich ſchon vorher hatte, erworben.

Erwerbung durch die That eines Anderen, zu der
ich dieſen nach Rechtsgeſetzen beſtimme, iſt alſo jederzeit
von dem Seinen des Anderen abgeleitet, und dieſe Ableitung, als rechtlicher Act, kann nicht durch dieſen als einen n e g a t i v e n Act, nämlich der Verlaſſung, oder

einer

einer auf das Seine geschehenen Verzichtthuung (per
derelictionem aut renunciationem), geschehen, denn
dadurch wird nur das Seine eines oder des Anderen aufgehoben, aber nichts erworben, — sondern allein durch
Uebertragung (translatio), welche nur durch einen
gemeinschaftlichen Willen möglich ist, vermittelst dessen
der Gegenstand immer in die Gewalt des einen oder des
Anderen kommt, alsdann einer seinem Antheile an dieser
Gemeinschaft entsagt, und so das Object durch Annahme
desselben (mithin einen positiven Act der Willkühr) das Seine
wird. — Die Uebertragung seines Eigenthums an einen Anderen ist die Veräußerung. Der Act der vereinigten
Willkühr zweyer Personen, wodurch überhaupt das Seine
des Einen auf den Anderen übergeht, ist der Vertrag.

§. 19.

In jedem Vertrage sind zwey vorbereitende, und
zwey constituirende rechtliche Acte der Willkühr; die
beyden ersteren (die des Tractirens) sind das Angebot
(oblatio) und die Billigung (approbatio) desselben;
die beyden andern, (nämlich des Abschließens) sind
das Versprechen (promissum) und die Annehmung
(acceptatio). — Denn ein Anerbieten kann nicht eher
ein Versprechen heißen, als wenn ich vorher urtheile, das
Angebotene (oblatum) sey etwas, was dem Promissar
angenehm seyn könne; welches durch die zwey ersten
Declarationen angezeigt, durch diese allein aber noch nichts
erworben wird.

Aber

Aber weder durch den beſonderen Willen des Promittenten, noch den des Promiſſars (als Acceptanten), geht
das Seine des erſteren zu dem letzteren über, ſondern nur
durch den vereinigten Willen beyder, mithin ſo fern
beyder Wille zugleich declarirt wird. Nun iſt dieß aber
durch empiriſche Actus der Declaration, die einander nothwendig in der Zeit folgen müſſen, und niemals zugleich
ſind, unmöglich.   Denn, wenn ich verſprochen habe und
der Andere nun acceptiren will, ſo kann ich während der
Zwiſchenzeit (ſo kurz ſie auch ſeyn mag) es mich gereuen
laſſen, weil ich vor der Acceptation noch frey bin; ſo wie
anderſeits der Acceptant, eben darum, an ſeine auf das
Verſprechen folgende Gegenerklärung auch ſich nicht für
gebunden halten darf. — Die äußern Förmlichkeiten (ſo-
lennia) bey Schließung des Vertrags, [der Handſchlag,
oder die Zerbrechung eines von beyden Perſonen angefaß-
ten Strohhalms (ſtipula)] und alle hin und her geſche-
hene Beſtätigungen ſeiner vorherigen Erklärung beweiſen
vielmehr die Verlegenheit der Paciſcenten, wie und auf
welche Art ſie die immer nur auſeinander folgenden Erklä-
rungen als in einem Augenblicke zugleich exiſtirend vorſtellig machen wollen, was ihnen doch nicht gelingt; weil
es immer nur in der Zeit einander folgende Actus ſind,
wo, wenn der eine Act iſt, der andere entweder noch
nicht, oder nicht mehr iſt.

Aber die tranſcendentale Deduction des Begriſ der
Erwerbung durch Vertrag kann allein alle dieſe Schwie-
rigkeiten heben.   In einem rechtlichen äußeren Ver-
hält-

hältnisse wird meine Besitznehmung der Willkühr eines An=
deren (und so wechselseitig), als Bestimmungsgrund des=
selben zu einer That, zwar erst empirisch durch Erklärung
und Gegenerklärung der Willkühr eines jeden von beyden
in der Zeit, als sinnlicher Bedingung der Apprehension,
gedacht, wo beyde rechtliche Acte immer nur auf einander
folgen; weil jenes Verhältniß (als ein rechtliches) rein
intellectuell ist, durch den Willen als ein gesetzgebendes
Vernunftvermögen jener Besitz als ein intelligibeler (pos=
sessio noumenon) nach Freyheitsbegriffen mit Abstraction
von jenen empirischen Bedingungen als das Mein oder
Dein vorgestellt; wo beyde Acte, des Versprechens und
der Annehmung, nicht als auseinander folgend, sondern
(gleich als pactum re initum) aus einem einzigen ge=
meinsamen Willen hervorgehend (welches durch das
Wort zugleich ausgedruckt wird) und der Gegenstand
(promissum) durch Weglassung der empirischen Bedin=
gungen nach dem Gesetz der reinen practischen Vernunft
als erworben vorgestellt wird.

Daß dieses die wahre und einzig mögliche Deduction
des Begrifs der Erwerbung durch Vertrag sey, wird
durch die mühselige und doch immer vergebliche Bestre=
bung der Rechtsforscher (z. B. Moses Mendelssohns
in seinem Jerusalem) zur Beweisführung jener Mög=
lichkeit hinreichend bestätigt. — Die Frage war:
warum soll ich mein Versprechen halten? Denn
daß ich es soll, begreift ein jeder von selbst. Es ist
aber schlechterdings unmöglich, von diesem categorischen
Imperativ noch einen Beweis zu führen; eben so,
wie

wie es für den Geometer unmöglich iſt, durch Ver=
nunſtſchlüſſe zu beweiſen, daß ich, um ein Dreyeck zu
machen, drey Linien nehmen müſſe (ein analytiſcher
Satz) deren zwey aber zuſammengenommen größer
ſeyn müſſen, als die dritte (ein ſynthetiſcher; beyde
aber a priori). Es iſt ein Poſtulat der reinen (von
allen ſinnlichen Bedingungen des Raumes und der Zeit,
was den Rechtsbegriff betrift, abſtrahirenden) Ver=
nunft, und die Lehre der Möglichkeit der Abſtraction
von jenen Bedingungen, ohne daß dadurch der Beſitz
deſſelben aufgehoben wird, iſt ſelbſt die Deduction des
Begriffs der Erwerbung durch Vertrag; ſo wie es in
dem vorigen Titel die Lehre von der Erwerbung durch
Bemächtigung der äußeren Sache war.

§. 20.

Was iſt aber das Aeußere, das ich durch den Ver=
trag erwerbe? Da es nur die Cauſſalität der Willkühr
des Anderen in Anſehung einer mir verſprochenen Leiſtung
iſt, ſo erwerbe ich dadurch unmittelbar nicht eine äußere
Sache, ſondern eine That deſſelben, dadurch jene Sache
in meine Gewalt gebracht wird, damit ich ſie zu der mei=
nen mache. — Durch den Vertrag alſo erwerbe ich das
Verſprechen eines Anderen (nicht das Verſprochene) und
doch kommt etwas zu meiner äußeren Habe hinzu; ich
bin vermögender (locupletior) geworden, durch Er=
werbung einer activen Obligation auf die Freyheit und das
Vermögen des Anderen. — Dieſes mein Recht aber iſt
nur ein perſönliches, nämlich gegen eine beſtimmte

phy=

phyſiſche Perſon und zwar auf ihre Cauſſalität (ihre Willkühr) zu wirken, mir etwas zu leiſten, nicht ein Sachenrecht, gegen diejenige moraliſche Perſon, welche nichts anders als die Jdee der a priori vereinigten Willkühr aller iſt, und wodurch ich allein ein
Recht gegen jeden Beſitzer derſelben erwerben
kann; als worin alles Recht in einer Sache beſteht.

Die Uebertragung des Meinen durch Vertrag geſchieht nach dem Geſetz der Stetigkeit (lex continui)
d. i. der Beſitz des Gegenſtandes iſt während dieſem
Act keinen Augenblick unterbrochen, denn ſonſt würde
ich in dieſem Zuſtande einen Gegenſtand als etwas,
das keinen Beſitzer hat (res vacua), folglich urſprünglich erwerben; welches dem Begrif des Vertrages widerſpricht. — Dieſe Stetigkeit aber bringt es mit
ſich, daß nicht eines von beyden (promittentis et
acceptantis) beſonderer, ſondern ihr vereinigter Wille
derjenige iſt, welcher das Meine auf den Anderen über-
trägt; alſo nicht auf die Art: daß der Verſprechende
zuerſt ſeinen Beſitz zum Vortheil des Anderen verläßt
(derelinquit), oder ſeinem Recht entſagt (renun-
ciat) und der Andere ſogleich darin eintritt, oder umgekehrt. Die Translation iſt alſo ein Act, in welchem
der Gegenſtand einen Augenblick beyden zuſammen angehört, ſo wie in der parabolischen Bahn eines ge-
worfenen Steins dieſer im Gipfel derſelben einen Augenblick als im Steigen und Fallen zugleich begriffen
betrachtet werden kann, und ſo allererſt von der ſtei-
genden Bewegung zum Fallen übergeht.

§. 21.

§. 21.

Eine Sache wird in einem Vertrage nicht durch Annehmung (acceptatio) des Verſprechens, ſondern nur
durch Uebergabe (traditio) des Verſprochenen erworben. Denn alles Verſprechen geht auf eine Leiſtung,
und wenn das Verſprochene eine Sache iſt, kann jene nicht
anders errichtet werden, als durch einen Act, wodurch der
Promiſſar vom Promittenten in den Beſitz derſelben geſetzt
wird; d. i. durch die Uebergabe. Vor dieſer alſo und dem
Empfang iſt die Leiſtung noch nicht geſchehen; die Sache
iſt von dem einen zu dem Anderen noch nicht übergegan-
gen, folglich von dieſem nicht erworben worden, mithin
das Recht aus einem Vertrage nur ein perſönliches, und
wird nur durch die Tradition ein dingliches Recht.

Der Vertrag, auf den unmittelbar die Uebergabe
folgt (pactum re initum), ſchließt alle Zwiſchenzeit
zwiſchen der Schließung und Vollziehung aus, und
bedarf keines beſonderen noch zu erwartenden Acts,
wodurch das Seine des Einen auf den Anderen übertragen wird. Aber, wenn zwiſchen jenen Beyden
noch eine (beſtimmte oder unbeſtimmte) Zeit zur Uebergabe bewilligt iſt, frägt ſich: ob die Sache ſchon
vor dieſer durch den Vertrag das Seine des Acceptanten geworden, und das Recht des Letzteren ein Recht
in der Sache ſey, oder ob noch ein beſonderer Vertrag,
der allein die Uebergabe betrifft, dazu kommen müſſe,
mithin das Recht durch die bloße Acceptation nur ein
perſönliches ſey, und allererſt durch die Uebergabe ein
Recht in der Sache werde? — Daß es ſich hiemit
wirt-

wirklich so, wie das letztere besagt, verhalte, erhellet
aus nachfolgendem:

Wenn ich einen Vertrag über eine Sache, z. B.
über ein Pferd, das ich erwerben will, schließe, und
nehme es zugleich mit in meinen Stall, oder sonst in
meinen physischen Besitz, so ist es mein (vi pacti re
initi), und mein Recht ist ein Recht in der Sache;
lasse ich es aber in den Händen des Verkäufers, ohne
mit ihm darüber besonders auszumachen, in wessen
physischem Besitz (Inhabung) diese Sache vor meiner
Besitznehmung (apprehensio), mithin vor dem Wechsel des Besitzes seyn solle: so ist dieses Pferd noch
nicht mein, und mein Recht, was ich erwerbe, ist nur
ein Recht gegen eine bestimmte Person, nämlich den
Verkäufer von ihm in den Besitz gesetzt zu werden (poscendi traditionem) als subjective Bedingung der Möglichkeit alles beliebigen Gebrauchs
desselben, d. i. mein Recht ist nur ein persönliches
Recht, von jenem die Leistung des Versprechens
(praestatio), mich in den Besitz der Sache zu setzen,
zu fordern. Nun kann ich, wenn der Vertrag nicht
zugleich die Uebergabe (als pactum re initum)
enthält, mithin eine Zeit zwischen den Abschluß desselben und der Besitznehmung des Erworbenen verläuft,
in dieser Zeit nicht anders zum Besitz gelangen, als
dadurch, daß ich einen besonderen rechtlichen, nämlich
einen Besitzact (actum possessorium) ausübe,
der einen besonderen Vertrag ausmacht, und dieser ist:
daß ich sage, ich werde die Sache (das Pferd) abho-
len lassen, wozu der Verkäufer einwilligt. Denn daß
dieser eine Sache zum Gebrauche eines Anderen auf
eigene

eigene Gefahr in ſeine Gewahrſame nehmen werde,
verſteht ſich nicht von ſelbſt, ſondern dazu gehört ein
beſonderer Vertrag, nach welchem der Veräuſerer ſeiner Sache innerhalb der beſtimmten Zeit noch immer Eigenthümer bleibt (und alle Gefahr, die die
Sache treffen möchte, tragen muß), der Erwerbende
aber nur dann, wann er über dieſe Zeit zögert, von
dem Verkäufer dafür angeſehen werden kann, als ſey
ſie ihm überliefert. Vor dieſem Beſitzact iſt alſo Alles durch den Vertrag Erworbene nur ein perſönliches
Recht, und der Promiſſar kann eine äußere Sache nur
durch Tradition erwerben.

Dritter Abſchnitt.

Von dem auf dingliche Art perſönlichen Recht.

§. 22.

Dieſes Recht iſt das des Beſitzes eines äußeren Gegenſtandes als einer Sache und des Gebrauchs deſſelben
als einer Perſon. — Das Mein und Dein nach dieſem
Recht iſt das Häusliche und das Verhältniß in dieſem
Zuſtande iſt das der Gemeinſchaft freyer Weſen, die durch
den wechſelſeitigen Einfluß (der Perſon des Einen auf das
Andere) nach dem Princip der äußeren Freyheit (Cauſſalität) eine Geſellſchaft von Gliedern eines Ganzen (in
Gemeinſchaft ſtehender Perſonen) ausmachen, welches
das Hausweſen heißt. — Die Erwerbungsart dieſes Zuſtandes und in demſelben geſchieht weder durch eigenmäch-
tige That (facto), noch durch bloßen Vertrag (pacto),

ſondern

sondern durchs Gesetz (lege), welches, weil es kein Recht
gegen eine Person, sondern auch ein Besitz derselben zugleich ist, ein über alles Sachen = und persönliche hinaus
liegendes Recht, nämlich das Recht der Menschheit in unserer eigenen Person seyn muß, welches ein natürliches
Erlaubnißgesetz zur Folge hat, durch dessen Gunst uns
eine solche Erwerbung möglich ist.

§. 23.

Die Erwerbung nach diesem Gesetz ist dem Gegenstande nach dreyerley: Der Mann erwirbt ein Weib,
das Paar erwirbt Kinder und die Familie Gesinde. — Alles dieses Erwerbliche ist zugleich unveräusser-
lich und das Recht des Besitzers dieser Gegenstände das
allerpersönlichste.

Des Rechts der häuslichen Gesellschaft
erster Titel:

Das Eherecht.

§. 24.

Geschlechtsgemeinschaft (commercium sexu-
ale) ist der wechselseitige Gebrauch, den ein Mensch von eines anderen Geschlechtsorganen und Vermögen macht (vsus
membrorum et facultatum sexualium alterius) und
entweder ein natürlicher (wodurch seines Gleichen er-
zeugt werden kann), oder unnatürlicher Gebrauch, und
dieser

dieser entweder an einer Person ebendesselben Geschlechts, oder einem Thiere von einer anderen als der Menschen = Gattung; welche Uebertretungen der Gesetze, unnatürliche Laster (crimina carnis contra naturam), die auch unnennbar heißen, als Läsion der Menschheit in unserer eigenen Person, durch gar keine Einschränkungen und Ausnahmen wider die gänzliche Verwerfung gerettet werden können.

Die natürliche Geschlechtsgemeinschaft ist nun entweder die nach der bloßen thierischen Natur (vaga libido, venus volgiuaga, fornicatio), oder nach dem Gesetz. — Die letztere ist die Ehe (matrimonium), d. i. die Verbindung zweyer Personen verschiedenen Geschlechts zum lebenswierigen wechselseitigen Besitz ihrer Geschlechtseigenschaften. — Der Zweck, Kinder zu erzeugen und zu erziehen, mag immer ein Zweck der Natur seyn, zu welchem sie die Neigung der Geschlechter gegeneinander einpflanzte; aber daß der Mensch, der sich verehlicht, diesen Zweck sich vorsetzen müsse, wird zur Rechtmäßigkeit dieser seiner Verbindung nicht erfordert; denn sonst würde, wenn das Kinderzeugen aufhört, die Ehe sich zugleich von selbst auflösen.

Es ist nämlich, auch unter Voraussetzung der Lust zum wechselseitigen Gebrauch ihrer Geschlechtseigenschaften, der Ehevertrag kein beliebiger, sondern durchs Gesetz der Menschheit nothwendiger Vertrag, d. i., wenn Mann und Weib einander ihren Geschlechtseigenschaften nach

nach wechselseitig genießen wollen, so müssen sie sich nothwendig verehlichen, und dieses ist nach Rechtsgesetzen der reinen Vernunft nothwendig.

§. 25.

Denn der natürliche Gebrauch, den ein Geschlecht von den Geschlechtsorganen des Anderen macht, ist ein Genuß, zu dem sich ein Theil dem Anderen hingiebt. In diesem Act macht sich ein Mensch selbst zur Sache, welches dem Rechte der Menschheit an seiner eigenen Person widerstreitet. Nur unter der einzigen Bedingung ist dieses möglich, daß, indem die eine Person von der Anderen, gleich als Sache, erworben wird, diese gegenseitig wiederum jene erwerbe; denn so gewinnt sie wiederum sich selbst und stellt ihre Persönlichkeit wieder her. Es ist aber der Erwerb eines Gliedmaßes am Menschen zugleich Erwerbung der ganzen Person, — weil diese eine absolute Einheit ist; — folglich ist die Hingebung und Annehmung eines Geschlechts zum Genuß des Andern nicht allein unter der Bedingung der Ehe zuläſſig, sondern auch allein unter derselben möglich. Daß aber dieses persönliche Recht es doch zugleich auf dingliche Art sey, gründet sich darauf, weil, wenn eines der Eheleute sich verlaufen, oder sich in eines Anderen Besitz gegeben hat, das Andere es jederzeit und unweigerlich, gleich als eine Sache, in seine Gewalt zurückzubringen berechtigt ist.

§. 26.

§. 26.

Aus denſelben Gründen iſt das Verhältniß der Verehlichten ein Verhältniß der Gleichheit des Beſitzes, ſowohl der Perſonen, die einander wechſelſeitig beſitzen, (folglich nur in Monogamie, denn in einer Polygamie gewinnt die Perſon, die ſich weggiebt, nur einen Theil desjenigen, dem ſie ganz anheim fällt, und macht ſich alſo zur bloßen Sache), als auch der Glücksgüter, wobey ſie doch die Befugniß haben, ſich, obgleich nur durch einen beſonderen Vertrag, des Gebrauchs eines Theils derſelben zu begeben.

Daß der Concubinat keines zu Recht beſtändigen Contracts fähig ſey, ſo wenig als die Verdingung einer Perſon zum einmaligen Genuß (pactum fornicationis), folgt aus dem obigen Grunde.   Denn, was denn letzteren Vertrag betrift: ſo wird jedermann geſtehen, daß die Perſon, welche ihn geſchloſſen hat, zur Erfüllung ihres Verſprechens rechtlich nicht angehalten werden könnte, wenn es ihr gereuete; und ſo fällt auch der erſtere, nämlich der des Concubinats, (als pactum turpe) weg, weil dieſer ein Contract der Verdingung (locatio-conductio) ſeyn würde, und zwar eines Gliedmaßes zum Gebrauch eines Anderen, mithin wegen der unzertrennlichen Einheit der Glieder an einer Perſon die ſich ſelbſt als Sache der Willkühr des Anderen hingeben würde; daher jeder Theil den eingegangenen Vertrag mit dem Anderen aufheben kann, ſo bald es ihm beliebt, ohne daß der andere über Läſion ſeines Rechts gegründete Beſchwerde

schwerde führen kann. — Eben dasselbe gilt auch von
der Ehe an der linken Hand, um die Ungleichheit des
Standes beyder Theile zur größeren Herrschaft des
einen Theils über den anderen zu benutzen; denn in
der That ist sie nach dem bloßen Naturrecht vom Concubinat nicht unterschieden, und keine wahre Ehe. —
Wenn daher die Frage ist: ob es auch der Gleichheit
der Verehlichten; als solcher widerstreite, wenn das
Gesetz von dem Manne in Verhältniß auf das Weib
sagt: er soll dein Herr (er der befehlende, sie der ge-
horchende Theil) seyn; so kann dieses nicht als der
natürlichen Gleichheit eines Menschenpaares widerstreitend angesehen werden, wenn dieser Herrschaft nur die
natürliche Ueberlegenheit des Vermögens des Mannes
über das weibliche, in Bewirkung des gemeinschaftlichen Interesse des Hauswesens und des darauf ge-
gründeten Rechts zum Befehl zum Grunde liegt, welches daher selbst aus der Pflicht der Einheit und
Gleichheit in Ansehung des Zwecks abgeleitet werden kann.

§. 27.

Der Ehe=Vertrag wird nur durch eheliche Beywohnung (copula carnalis) vollzogen. Ein Vertrag zweyer Personen beyderley Geschlechts, mit dem ge-
heimen Einverständniß entweder sich der fleischlichen Gemeinschaft zu enthalten, oder mit dem Bewußtseyn eines,
oder beyder Theile, dazu unvermögend zu seyn, ist ein
simulirter Vertrag und stiftet keine Ehe; kann auch
durch jeden von beyden nach Belieben aufgelöset werden.

Tritt

Tritt aber das Unvermögen nur nachher ein, so kann jenes Recht durch diesen unverschuldeten Zufall nichts einbüßen.

Die Erwerbung einer Gattin oder eines Gatten geschieht also nicht facto (durch die Beywohnung) ohne vorhergehenden Vertrag, auch nicht pacto (durch den bloßen ehelichen Vertrag, ohne nachfolgende Beywohnung) sondern nur lege: d. i. als rechtliche Folge aus der Verbindlichkeit in eine Geschlechtsverbindung nicht anders, als vermittelst des wechselseitigen Besitzes der Personen, als welcher nur durch den gleichfalls wechselseitigen Gebrauch ihrer Geschlechtseigenthümlichkeiten seine Wirklichkeit erhält, zu treten.

Des Rechts der häuslichen Gesellschaft
zweyter Titel:

Das Elternrecht.

§. 28.

Gleichwie aus der Pflicht des Menschen gegen sich selbst, d. i. gegen die Menschheit in seiner eigenen Person ein Recht (ius personale) beyder Geschlechter entsprang, sich, als Personen, wechselseitig einander, auf dingliche Art, durch Ehe zu erwerben: so folgt, aus der Zeugung in dieser Gemeinschaft, eine Pflicht der Erhaltung und Versorgung in Absicht auf ihr Erzeugniß, d. i. die Kinder, als Personen, haben hiemit zugleich ein

ursprünglich = angebohrnes (nicht angeerbtes) Recht auf
ihre Versorgung durch Eltern, bis sie vermögend sind,
sich selbst zu erhalten; und zwar durchs Gesetz (lege)
unmittelbar, d. i. ohne daß ein besonderer rechtlicher Act
dazu erforderlich ist.

Denn da das Erzeugte eine Person ist, und es
unmöglich ist, sich von der Erzeugung eines mit Freyheit
begabten Wesens durch eine physische Operation einen Begrif zu machen*): so ist es eine in practischer Hinsicht ganz richtige und auch nothwendige Idee, den Act
der Zeugung als einen solchen anzusehen, wodurch wir
eine

*) Selbst nicht wie es möglich ist daß Gott freye Wesen
erschaffe; denn da wären, wie es scheint, alle künf-
tige Handlungen derselben, durch jenen ersten Act vorher-
bestimmt, in der Kette der Naturnothwendigkeit enthalten, mithin nicht frey. Daß sie aber (wir Menschen)
doch frey sind, beweiset der categorische Imperativ im moralisch = practischer Absicht, wie durch einen Machtspruch
der Vernunft, ohne daß diese doch die Möglichkeit dieses
Verhältnisses einer Ursache zur Wirkung in theoretischer
begreiflich machen kann, weil beyde übersinnlich sind. —
Was man ihr hiebey allein zumuthen kann, wäre bloß:
daß sie beweise, es sey in dem Begriffe von einer Schöpfung freyer Wesen kein Widerspruch; und dieses
kann dadurch gar wohl geschehen, daß gezeigt wird: der
Widerspruch eräugne sich nur dann, wenn mit der Categorie der Caussalität zugleich die Zeitbedingung, die
im Verhältniß zu Sinnenobjecten nicht vermieden werden
kann

eine Person ohne ihre Einwilligung auf die Welt gesetzt, und eigenmächtig in sie herüber gebracht haben; für welche That auf den Eltern nun auch eine Verbindlichkeit haftet, sie, so viel in ihren Kräften ist, mit diesem ihrem Zustande zufrieden zu machen. — Sie können ihr Kind nicht gleichsam als ihr Gemächsel (denn ein solches kann kein mit Freyheit begabtes Wesen seyn) und als ihr Eigenthum zerstöhren oder es auch nur dem Zufall überlassen, weil an ihm nicht bloß ein Weltwesen, sondern auch ein Weltbürger in einen Zustand herüberzogen, der ihnen nun auch nach Rechtsbegriffen nicht gleichgültig seyn kann.

§. 29.

kann (daß nämlich der Grund einer Wirkung vor dieser vorhergehe), auch in das Verhältniß des Uebersinnlichen zu einander hinüber gezogen wird, (welches auch wirklich, wenn jener Caussalbegrif in theoretischer Absicht objective Realität bekommen soll, geschehen müßte), er — der Widerspruch — aber verschwinde, wenn in moralisch=practischer, mithin nicht=sinnlicher Absicht, die reine Categorie (ohne ein ihr untergelegtes Schema) im Schöpfungsbegriffe gebraucht wird.

Der philosophische Rechtslehrer wird diese Nachforschung bis zu den ersten Elementen der Transscendentalphilosophie in einer Metaphysik der Sitten nicht für unnöthige Grübeley erklären, die sich in zwecklose Dunkelheit verliert, wenn er in die Schwierigkeit der zu lösenden Aufgabe und doch auch die Nothwendigkeit, hierin den Rechtsprincipien genug zu thun, in Ueberlegung zieht.

H

§. 29.

Aus dieser Pflicht entspringt auch nothwendig das
Recht der Eltern zur Handhabung und Bildung des
Kindes, so lange es des eigenen Gebrauchs seiner Glied=
maßen, imgleichen des Verstandesgebrauchs, noch nicht
mächtig ist, außer der Ernährung und Pflege es zu er=
ziehen, und sowohl pragmatisch, damit es künftig
sich selbst erhalten und fortbringen könne, als auch mora=
lisch, weil sonst die Schuld ihrer Verwahrlosung auf die
Eltern fallen würde, — es zu bilden; Alles bis zur Zeit
der Entlassung, (emancipatio), da diese, sowohl ihrem
väterlichen Rechte zu befehlen, als auch allem Anspruch
auf Kostenerstattung für ihre bisherige Verpflegung und
Mühe entsagen, wofür, und nach vollendeter Erziehung,
sie der Kinder ihre Verbindlichkeit (gegen die Eltern)
nur als bloße Tugendpflicht, nämlich als Dankbarkeit, in
Anschlag bringen können.

Aus dieser Persönlichkeit der erstern folgt nun auch,
daß, da die Kinder nie als Eigenthum der Eltern angese=
hen werden können, aber doch zum Mein und Dein der=
selben gehören (weil sie gleich den Sachen im Besitz der
Eltern sind, und aus jedes Anderen Besitz, selbst wider
ihren Willen, in diesen zurückgebracht werden können),
das Recht der ersteren kein bloßes Sachenrecht, mithin
nicht veräußerlich (ius personalissimum), aber auch
nicht ein bloß persönliches, sondern ein auf dingliche
Art persönliches Recht ist.

Hiebey

Hiebey fällt also in die Augen, daß der Titel eines
auf dingliche Art perſönlichen Rechts in der
Rechtslehre noch über dem des Sachen= und perſönlichen
Rechts nothwendig hinzukommen müſſe, jene bisherige
Eintheilung alſo nicht vollſtändig geweſen iſt, weil, wenn
von dem Recht der Eltern an den Kindern, als einem
Stück ihres Hauſes, die Rede iſt, jene ſich nicht bloß auf
die Pflicht der Kinder berufen dürfen, zurückzukehren,
wenn ſie entlaufen ſind, ſondern ſich ihrer als Sachen
(verlaufener Hausthiere) zu bemächtigen, und ſie einzu=
fangen berechtigt ſind.

Des Rechts der häuslichen Geſellſchaft
dritter Titel:

Das Hausherren Recht.

§. 30.

Die Kinder des Hauſes, die mit den Eltern zuſam=
men eine Familie ausmachten, werden, auch ohne allen
Vertrag der Aufkündigung ihrer bisherigen Abhängigkeit,
durch die bloße Gelangung zu dem Vermögen ihrer Selbſt=
erhaltung (ſo wie es, theils als natürliche Volljährigkeit,
dem allgemeinen Laufe der Natur überhaupt, theils ihrer
beſonderen Naturbeſchaffenheit gemäß, eintritt,) mündig
(majorennes), d. i. ihre eigene Herren (ſui iuris),
und erwerben dieſes Recht ohne beſonderen rechtlichen Act,
mithin bloß durchs Geſetz (lege) — ſind den Eltern für

H 2   ihre

ihre Erziehung nichts schuldig, so wie gegenseitig die letzteren ihrer Verbindlichkeit gegen diese auf ebendieselbe Art loswerden, hiemit beyde ihre natürliche Freyheit gewinnen oder wieder gewinnen — die häusliche Gesellschaft aber, welche nach dem Gesetz nothwendig war, nunmehr aufgelöset wird.

Beyde Theile können nun wirklich ebendasselbe Hauswesen, aber in einer anderen Verpflichtung, nämlich als Verknüpfung des Hausherren mit dem Gesinde (den Dienern oder Dienerinnen des Hauses), mithin eben diese häusliche Gesellschaft, aber jetzt als Hausherrliche (societas herilis) erhalten, durch einen Vertrag, den der erste mit den mündig gewordenen Kindern, oder, wenn die Familie keine Kinder hat, mit anderen freyen Personen (der Hausgenossenschaft) eine häusliche Gesellschaft stiften, welche eine ungleiche Gesellschaft (des gebietenden, oder der Herrschaft und der gehorchenden, d. i. der Dienerschaft (imperantis et subjecti domestici) seyn würde.

Das Gesinde gehört nun zu dem Seinen des Hausherrn, und zwar was die Form (den Besitzstand) betrift, gleich als nach einem Sachenrecht; denn der Hausherr kann, wenn es ihm entläuft, es durch einseitige Willkühr in seine Gewalt bringen; was aber die Materie betrift, d. i. welchen Gebrauch er von diesen seinen Hausgenossen machen kann, so kann er sich nie als Eigenthümer desselben (dominus servi) betragen: weil er nur

durch

durch Vertrag unter ſeine Gewalt gebracht iſt, ein Vertrag aber, durch den ein Theil zum Vortheil des Anderen
auf ſeine ganze Freyheit Verzicht thut, mithin aufhört,
eine Perſon zu ſeyn, folglich auch keine Pflicht hat, einen Vertrag zu halten, ſondern nur Gewalt anerkennt,
in ſich ſelbſt widerſprechend, d. i. null und nichtig iſt.
(Von dem Eigenthumsrecht gegen den, der ſich durch
ein Verbrechen ſeiner Perſönlichkeit verluſtig gemacht hat,
iſt hier nicht die Rede).

Dieſer Vertrag alſo der Hausherrſchaft mit dem Ge-
ſinde, kann nicht von ſolcher Beſchaffenheit ſeyn, daß
der Gebrauch deſſelben ein Verbrauch ſeyn würde,
worüber das Urtheil aber nicht bloß dem Hausherrn,
ſondern auch der Dienerſchaft (die alſo nie Leibeigenſchaft
ſeyn kann) zukommt; kann alſo nicht auf lebenslängliche,
ſondern allenfalls nur auf beſtimmte Zeit, binnen der ein
Theil dem anderen die Verbindung auftündigen darf, geſchloſſen werden. Die Kinder aber, (ſelbſt die eines durch
ſein Verbrechen zum Sclaven gewordenen) ſind jederzeit
frey. Denn frey gebohren iſt jeder Menſch, weil er noch
nichts verbrochen hat, und die Koſten der Erziehung bis
zu ſeiner Volljährigkeit können ihm auch nicht als eine
Schuld angerechnet werden, die er zu tilgen habe. Denn
der Sclave müßte, wenn er könnte, ſeine Kinder auch
erziehen, ohne ihnen dafür Koſten zu verrechnen der Beſitzer des Sclaven tritt alſo, bey dieſes ſeinem Unvermögen, in die Stelle ſeiner Verbindlichkeit.

Man

Man sieht auch hier, wie unter beyden vorigen Titeln, daß es ein auf dingliche Art persönliches Recht (der Herrschaft über das Gesinde) gebe; weil man sie zurück holen, und als das äußere Seine von jedem Besitzer absordern kann, ehe noch die Gründe, welche sie dazu vermocht haben mögen, und ihr Recht untersucht werden düssen.

Dogmatische Eintheilung

aller erwerblichen Rechte aus Verträgen.

§. 31.

Von einer metaphysischen Rechtslehre kann gefordert werden, daß sie a priori die Glieder der Eintheilung (diuisio logica) vollständig und bestimmt aufzähle, und so ein wahres System derselben aufstelle; statt dessen alle empirische Eintheilung bloß fragmentarisch (partitio) ist, und es ungewiß läßt, ob es nicht noch mehr Glieder gebe, welche zur Ausfüllung der ganzen Sphäre des eigentlichen Begrifs erfordert würden. — Eine Eintheilung nach einem Princip a priori (im Gegensatz der empirischen) kann man nun dogmatisch nennen.

Aller Vertrag besteht an sich, d. i. objectiv betrachtet, aus zwey rechtlichen Acten: dem Versprechen und der Annehmung desselben; die Erwerbung durch die letztere

letztere (wenn es nicht ein pactum in re initum ist, welches Uebergabe erfordert) ist nicht ein Theil, sondern die rechtlich nothwendige Folge desselben. — Sub= jectiv aber erwogen, d. i. als Antwort auf die Frage: ob jene nach der Vernunft nothwendige Folge (welche die Erwerbung seyn sollte) auch wirklich erfolgen, (physische Folge seyn) werde, dafür habe ich durch die Annehmung des Versprechens noch keine Sicherheit. Diese ist also, als äußerlich zur Modalität des Vertrages, nämlich der Gewißheit der Erwerbung durch denselben, gehörend, ein Ergänzungsstück zur Vollständigkeit der Mit= tel zur Erreichung der Absicht des Vertrags, nämlich der Erwerbung. — Es treten zu diesem Behuf drey Personen auf: der Promittent, der Acceptant und der Ca= vent; durch welchen letzteren, und seinen besonderen Ver= trag mit dem Promittenten, der Acceptant zwar nichts mehr in Ansehung des Objects, aber doch der Zwangs= mittel gewinnt, zu dem Seinen zu gelangen.

Nach diesen Grundsätzen der logischen (rationalen) Eintheilung, giebt es nun eigentlich nur drey einfache und reine Vertragsarten; der vermischten aber und em= pirischen, welche zu den Principien des Mein und Dein nach bloßen Vernunftgesetzen, noch statuarische und con= ventionelle hinzuthun, giebt es unzählige, sie liegen aber außerhalb dem Kreise der metaphysischen Rechtslehre, die hier allein verzeichnet werden soll.

Alle

Alle Verträge nämlich haben entweder, A. einseitigen
Erwerb (wohlthätiger Vertrag), oder, B. wechsel=
seitigen (beläsigter Vertrag) oder gar keinen Erwerb,
sondern nur C. Sicherheit des Seinen (der einer=
seits wohlthätig, anderseits doch auch zugleich beläsi=
gend seyn kann) zur Absicht.

A. Der wohlthätige Vertrag (pactum gratuitum)
ist:

 a) Die Aufbewahrung des anvertrauten Guts
 (depolitum),

 b) Das Verleihen einer Sache (commodatum),

 c) Die Verschenkung (donatio).

B. Der beläsigte Vertrag.

 I. Der Veräußerungsvertrag (permutatio late
 sic dicta).

 a) Der Tausch (permutatio stricte sic dicta)
 Waare gegen Waare.

 b) Der Kauf und Verkauf (emtio venditio).
 Waare gegen Geld.

 c) Die Anleihe (mutuum): Veräußerung einer
 Sache unter der Bedingung, sie nur der Species
 nach wieder zu erhalten, (z. B. Getrayde gegen
 Getrayde, oder Geld gegen Geld).

 II. Der Verbindungsvertrag (locatio conductio).

 α. Die Verdingung meiner Sache an einen
 andern zum Gebrauch derselben (locatio rei) wel=
 che, wenn sie nur in specie wiedererstattet werden
 darf,

darf, als beläſtigter Vertrag, auch mit Verzin=
ſung verbunden ſeyn kann (pactum uſurarium).

β. Der Lohnvertrag (locatio operae) d. i. die
Bewilligung des Gebrauchs meiner Kräfte an ei=
nen Anderen für einen beſtimmten Preis (merces).
Der Arbeiter nach dieſem Vertrage iſt der Lohn=
diener (mercenarius).

γ. Der Bevollmächtigungsvertrag (mandatum): Die Geſchäftsführung an der Stelle
und im Namen eines Anderen, welche, wenn
ſie bloß an des anderen Stelle, nicht zugleich in
ſeinem (des Vertretenen) Nahmen, geführt wird,
Geſchäftsführung ohne Auftrag (geſtio
negotii); wird ſie aber im Nahmen des Anderen
verrichtet, Mandat heißt, das hier, als Ver=
bindungsvertrag, ein beläſtigter Vertrag (mandatum oneroſum) iſt.

C. Der Zuſicherungsvertrag. (cautio).

a) Die Verpfändung und Pfandnehmung
zuſammen (pignus).

b) Die Gutſagung für das Verſprechen eines Ande=
ren (ſideiuſſio).

c) Die perſönliche Verbürgung (praeſtatio
obſidis).

In dieſer Tafel aller Arten der Uebertragung
(translatio) des Seinen auf einen Anderen, finden
ſich Begriffe von Objecten, oder Werkzeugen dieſer
Uebertragung vor, welche ganz empiriſch zu ſeyn, und
ſelbſt ihrer Möglichkeit nach, in einer metaphyſi=
ſchen

schen Rechtslehre, eigentlich nicht Platz haben, in
der die Eintheilungen nach Principien a priori gemacht werden müssen, mithin von der Materie des
Verkehrs (welche conventionell seyn könnte) abstrahirt,
und bloß auf die Form gesehen werden muß, dergleiß
chen der Begrif des Geldes, im Gegensatz mit aller anderen veräußerlichen Sache, nämlich der Waare,
im Titel des Kaufs und Verkaufs, oder der eines Buchs ist. — Allein es wird sich zeigen, daß
jener Begrif des größten und brauchbarsten aller Mittel des Verkehrs der Menschen mit Sachen, Kauf
und Verkauf (Handel) genannt, imgleichen der eines
Buchs, als das des größten Verkehrs der Gedanken, sich
doch in lauter intellectuelle Verhältnisse auflösen lasse,
und so die Tafel der reinen Verträge nicht durch empirische Beymischung verunreinigen dürfe.

I.
Was ist Geld?

Geld ist eine Sache, deren Gebrauch nur dadurch
möglich ist, daß man sie veräußert. Dieß ist eine
gute Namenerklärung desselben, (nach Achenwall),
nämlich hinreichend zur Unterscheidung dieser Art Gegenstände der Willkühr von allen andern; aber sie giebt uns
keinen Aufschluß über die Möglichkeit einer solchen Sache.
Doch sieht man so viel daraus: daß erstlich diese Veräußerung im Verkehr nicht als Verschenkung, sondern als
zur wechselseitigen Erwerbung (durch ein pactum
onerosum) beabsichtigt ist; zweytens daß, da es als
(in einem Volke) allgemein beliebtes bloßes Mittel des

Han-

Handels, was an sich keinen Werth hat, im Gegensatz einer Sache, als Waare, (d. i. desjenigen, was einen solchen hat, und sich auf das besondere Bedürfniß eines oder des anderen im Volke bezieht) gedacht wird, es alle Waare repräsentirt.

Ein Scheffel Getrayde hat den größten directen Werth als Mittel zu menschlichen Bedürfnissen. Man kann damit Thiere futtern, die uns zur Nahrung, zur Bewegung und zur Arbeit an unserer statt, und dann auch vermittelst desselben also Menschen vermehren und erhalten, welche nicht allein jene Naturproducte immer wieder erzeugen, sondern auch durch Kunstproducte allen unseren Bedürfnissen zu Hülfe kommen können; zur Verfertigung unserer Wohnung, Kleidung, ausgesuchtem Genusse und aller Gemächlichkeit überhaupt, welche die Güter der Industrie ausmachen. Der Werth des Geldes ist dagegen nur indirect. Man kann es selbst nicht genießen, oder als ein solches irgend wozu unmittelbar gebrauchen; aber doch ist es ein Mittel, was unter allen Sachen von der höchsten Brauchbarkeit ist.

Hierauf läßt sich vorläufig eine Realdefinition des Geldes gründen: es ist das allgemeine Mittel den Fleiß der Menschen gegen einander zu verkehren, so, daß der Nationalreichthum, in so fern er vermittelst des Geldes erworben worden, eigentlich nur die Summe des Fleißes ist, mit dem Menschen sich untereinander lohnen, und welcher durch das in dem Volk umlaufende Geld repräsentirt wird.

Die

Die Sache nun, welche Geld heißen soll, muß
also selbst so viel Fleiß gekostet haben, um sie hervorzubringen, oder auch anderen Menschen in die Hände
zu schaffen, daß dieser demjenigen Fleiß, durch welchen
die Waare (in Natur- oder Kunstproducten) hat erworben werden müssen, und gegen welchen jener ausgetauscht
wird, gleich komme. Denn wäre es leichter den Stoff,
der Geld heißt, als die Waare anzuschaffen, so käme
mehr Geld zu Markte, als Waare feil steht, und weil
der Käufer mehr Fleiß auf seine Waare verwenden müßte,
als der Käufer, dem das Geld schneller zuströhmt: so
würde der Fleiß in Verfertigung der Waare und so das
Gewerbe überhaupt mit dem Erwerbfleiß, der den öffentlichen Reichthum zur Folge hat, zugleich schwinden und
verkürzt werden. — Daher können Banknoten und Assig-
naten nicht für Geld angesehen werden, ob sie gleich eine
Zeit hindurch die Stelle desselben vertreten; weil es beynahe gar keine Arbeit kostet, sie zu verfertigen, und ihr
Werth sich bloß auf die Meinung der ferneren Fortdauer
der bisher gelungenen Umsetzung derselben in Baarschaft
gründet, welche, bey einer etwanigen Entdeckung, daß
die letztere nicht in einer zum leichten und sicheren Verkehr hinreichenden Menge da sey, plötzlich verschwindet,
den Ausfall der Zahlung unvermeidlich macht. — So
ist der Erwerbfleiß derer, welche die Gold- und Silber-
bergwerke in Peru, oder Neumexico anbauen, vornehmlich bey den so vielfältig mißlingenden Versuchen eines
vergeblich angewandten Fleißes, im Aufsuchen der Erz-
gänge, wahrscheinlich noch größer, als der auf der Ver-
fertie-

fertigung der Waaren in Europa verwendete, und würde, als unvergolten, mithin von ſelbſt nachlaſſend, jene Länder bald in Armuth ſinken laſſen, wenn nicht der Fleiß Europeus dagegen, eben durch dieſe Materialien gereizt, ſich proportionirlich zugleich erweiterte, um bei jenen die Luſt zum Bergbau, durch ihnen angebotene Sachen des Luxus, beſtändig rege zu erhalten; ſo daß immer Fleiß gegen Fleiß in Concurrenz kommen.

Wie iſt es aber möglich, daß das, was anfäng= lich Waare war, endlich Geld ward? Wenn ein großer und machthabender Verthuer einer Materie, die er an= fangs bloß zum Schmuck und Glanz ſeiner Diener (des Hofes) brauchte (z. B. Gold, Silber, Kupfer, oder eine Art ſchöner Muſchelſchalen, Cauris, oder auch, wie in Congo, eine Art Matten, Makuten genannt, oder, wie am Senegal, Eiſenſtangen, und auf der Gui= neaküſte ſelbſt Negerſklaven); d. i. wenn ein Landes= herr die Abgaben von ſeinen Unterthanen in dieſer Ma= terie (als Waare) einfordert, und die, deren Fleiß in Anſchaffung derſelben dadurch bewegt werden ſoll, mit eben denſelben, nach Verordnungen des Verkehrs unter und mit ihnen überhaupt, (auf einem Markt, oder ei= ner Börſe) wieder lohnt. — Dadurch allein hat (mei= nem Bedünken nach) eine Waare ein geſetzliches Mittel des Verkehrs des Fleißes der Unterthanen unter einander und hiemit auch des Staatsreichthums, d. i. Geld, wer= den können.

Der

Der intellectuelle Begrif, dem der empirische vom Gelde untergelegt ist, ist also der von einer Sache, die, im Umlauf des Besitzes begriffen (permutatio publica), den Preis aller anderen Dinge (Waaren) bestimmt, unter welche letztere so gar Wissenschaften, so fern sie Anderen nicht umsonst gelehrt werden, gehören: dessen Menge also in einem Volk die Begüterung (opulentia) desselben ausmacht. Denn Preis (pretium) ist das öffentliche Urtheil über den Werth (valor) einer Sache, in Verhältniß auf die proportionirte Menge desjenigen, was das allgemeine stellvertretende Mittel der gegenseitigen Vertauschung des Fleißes (des Umlaufs) ist. — Daher werden, wo der Verkehr groß ist, weder Gold noch Kupfer für eigentliches Geld, sondern nur für Waare gehalten; weil von dem ersteren zu wenig, vom anderen zu viel da ist, um es leicht in Umlauf zu bringen, und dennoch in so kleinen Theilen zu haben, als zum Umsatz gegen Waare, oder eine Menge derselben im kleinsten Erwerb nöthig ist. Silber (weniger oder mehr mit Kupfer versetzt) wird daher im großen Verkehr der Welt für das eigentliche Material des Geldes und den Maßstab der Berechnung aller Preise genommen; die übrigen Metalle (noch vielmehr also die unmetallischen Materien) können nur in einem Volk von kleinem Verkehr statt finden. — Die erstern beyden, wenn sie nicht bloß gewogen, sondern auch gestempelt, d. i. mit einem Zeichen, für wie viel sie gelten sollen, versehen worden, sind gesetzliches Geld, d. i. M ü n z e.

«Geld

»Geld iſt alſo (nach Adam Smith) derjenige Körper, deſſen Veräußerung das Mittel und zugleich der Maaß-
ſtab des Fleißes iſt, mit welchem Menſchen und Völker unter einander Verkehr treiben.« — Dieſe Erklärung führt
den empiriſchen Begriff des Geldes dadurch auf den intellectuellen hinaus, daß ſie nur auf die Form der wechſelſeitigen Leiſtungen im beläſtigten Vertrage ſieht, (und von
dieſer ihrer Materie abſtrahirt) und ſo auf Rechtsbegriff in
der Umſetzung des Mein und Dein (commutatio late ſic
dicta) überhaupt, um die obige Tafel einer dogmatiſchen
Eintheilung a priori, mithin der Metaphyſik des Rechts,
als eines Syſtems, angemeſſen vorzuſtellen.

II.

Was iſt ein Buch?

Ein Buch iſt eine Schrift, (ob mit der Feder oder
durch Typen, auf wenig oder viel Blättern verzeichnet, iſt
hier gleichgültig) welche eine Rede vorſtellt, die jemand
durch ſichtbare Sprachzeichen an das Publikum hält. —
Der, welcher zu dieſem in ſeinem eigenen Namen ſpricht,
heißt der Schriftſteller (autor). Der, welcher durch
eine Schrift im Namen eines Anderen (des Autors) öffentlich redet, iſt der Verleger. Dieſer, wenn er es mit
Jenes ſeiner Erlaubniß thut, iſt der rechtmäßige; thut er
es aber ohne dieſelbe, der unrechtmäßige Verleger; d. i.
der Nachdrucker. Die Summe aller Copeyen der Ur-
ſchrift (Exemplare) iſt der Verlag.

Der

Der Büchernachdruck
iſt von rechtswegen verboten.

Schrift iſt nicht unmittelbar Bezeichnung eines Be⸗
grifs (wie etwa ein Kupferſtich, der als Porträt, oder
ein Gypsabguß, der als die Büſte eine beſtimmte Perſon
vorſtellt) ſondern eine Rede ans Publikum, d. i. der
Schriftſteller ſpricht durch den Verleger öffentlich. —
Dieſer aber, nämlich der Verleger, ſpricht (durch ſeinen
Werkmeiſter, operarius, den Drucker) nicht in ſeinem ei⸗
genen Namen, (denn ſonſt würde er ſich für den Autor aus⸗
geben); ſondern im Namen des Schriftſtellers, wozu er
alſo nur durch eine ihm von dem letzteren ertheilte Voll⸗
macht (mandatum) berechtigt iſt. — Nun ſpricht der
Nachdrucker durch ſeinen eigenmächtigen Verlag zwar auch
im Namen des Schriftſtellers, aber ohne dazu Vollmacht
von demſelben zu haben (gerit ſe mandatarium absque
mandato); folglich begeht er an dem von dem Autor be⸗
ſtellten (mithin einzig rechtmäßigen) Verleger ein Verbre⸗
chen der Entwendung des Vortheils, den der letztere aus
dem Gebrauch ſeines Rechts ziehen konnte und wollte (fur⸗
tum uſus); alſo iſt der Büchernachdruck von
rechtswegen verboten.

Die Urſache des rechtlichen Anſcheins einer gleich⸗
wohl beym erſten Anblick ſo ſtark auffallenden Ungerech⸗
tigkeit, als der Büchernachdruck iſt, liegt darin: daß
das Buch einerſeits ein körperliches Kunſtpro⸗
duct (opus mechanicum) iſt, was nachgemacht werden
kann

kann (von dem, der ſich im rechtmäßigen Beſitz eines Exemplars deſſelben befindet) mithin daran ein Sachenrecht ſtatt hat: andrerſeits aber iſt, das Buch auch bloße Rede des Verlegers ans Publikum, die dieſer, ohne dazu Vollmacht vom Verfaſſer zu haben, öffentlich nicht nachſprechen darf (praeſtatio operae), ein perſönliches Recht, und nun beſteht der Irrthum darin, daß beydes mit einander verwechſelt wird.

＊　　　＊

Die Verwechſelung des perſönlichen Rechts mit dem Sachenrecht iſt noch in einem anderen, unter den Verbindungsvertrag gehörigen, Falle (B: II. α.), nämlich dem der Einmiethung (ius incolatus), ein Stoff zu Streitigkeiten. — Es frägt ſich nämlich: iſt der Eigenthümer, wenn er ſein an jemanden vermiethetes Haus (oder ſeinen Grund) vor Ablauf der Miethszeit an einen Anderen verkauft, verbunden, die Bedingungen der fortdauernden Miethe dem Kaufcontracte beyzufügen, oder kann man ſagen: Kauf bricht Miethe, (doch in einer durch den Gebrauch beſtimmten Zeit der Aufkündigung)? — Im erſteren Fall hätte das Haus wirklich eine Beläſtigung (onus) auf ſich liegend, ein Recht in dieſer Sache, das der Miether ſich an derſelben (dem Hauſe) erworben hätte; welches auch wohl geſchehen kann (durch Ingroſſation des Miethscontracts auf das Haus), aber alsdann kein bloßer Miethscontract ſeyn würde,

J

würde, sondern wozu noch ein anderer Vertrag (dazu
sich nicht viel Vermiether verstehen würden) hinzukommen
müßte. Also gilt der Satz: »Kauf bricht Miethe«, d. i.
das volle Recht in einer Sache (das Eigenthum) über-
wiegt alles persönliche Recht, was mit ihm nicht zusammen bestehen kann; wobey doch die Klage aus dem Grunde
des letzteren dem Miether offen bleibt, ihn wegen des
aus der Zerreißung des Contracts entspringenden Nach-
theils schadenfrey zu halten.

Episodischer Abschnitt.

Von der idealen Erwerbung eines äußeren Gegenstandes der Willkühr.

§. 32.

Ich nenne diejenige Erwerbung ideal, die keine
Caussalität in der Zeit enthält, mithin eine bloße Idee
der reinen Vernunft zum Grunde hat. Sie ist nichtsde-
stoweniger wahre, nicht eingebildete, Erwerbung, und
heißt nur darum nicht real, weil der Erwerbact nicht empirisch ist, indem das Subject von einem Anderen, der
entweder noch nicht ist (von dem man bloß die Möglichkeit annimmt, daß er sey), oder indem dieser eben aufhört zu seyn, oder, wenn er nicht mehr ist, erwirbt, mithin die Gelangung zum Besitz eine bloße practische Idee der Vernunft ist. — Es sind die drey Er-
werbungsarten: 1) durch Ersitzung, 2) durch Beerbung, 3) durch unsterbliches Verdienst (meritum

im-

immortale) d. i. Anspruch auf den guten Namen nach
dem Tode. Alle drey können zwar nur im öffentlichen
rechtlichen Zustande ihren Effect haben, gründen sich
aber nicht nur auf der Constitution desselben und willkührlichen Statuten, sondern sind auch a priori im Naturzustande, und zwar nothwendig zuvor, denkbar, um hernach
die Gesetze in der bürgerlichen Verfassung darnach einzurichten, (sunt iuris naturae).

I.

Die Erwerbungsart

d u r c h   E r s i t z u n g.

§. 33.

Ich erwerbe das Eigenthum eines Anderen bloß durch
den langen Besitz (vsucapio); nicht weil ich diese
seine Einwilligung dazu rechtmäßig voraussetzen darf
(per consensum praesumtum), noch weil ich, da er nicht
widerspricht, annehmen kann, er habe seine Sache aufge-
geben (rem derelictam), sondern, weil, wenn es auch
einen wahren und auf diese Sache als Eigenthümer Anspruch machenden (Prätendenten) gäbe, ich ihn doch bloß
durch meinen langen Besitz ausschließen, sein bishe-
riges Daseyn ignoriren, und gar, als ob er zur Zeit
meines Besitzes nur als Gedankending existirte, verfahren
darf: wenn ich gleich von seiner Wirklichkeit sowohl, als
der seines Anspruchs hinterher benachrichtigt seyn möchte. —

Man

Man nennt diese Art der Erwerbung nicht ganz richtig, die durch Verjährung (per praeſcriptione.n); denn die Ausschließung ist nur als die Folge von jener anzusehen; die Erwerbung muß vorhergegangen seyn. — Die Möglich: keit auf diese Art zu erwerben, ist nun zu beweisen.

Wer nicht einen beständigen Besitzact (actus poſſeſſorius) einer äußeren Sache, als der seinen, aus: übt, wird mit Recht als einer, der (als Besitzre) gar nicht existirt, angesehen; denn er kann nicht über Läsion klagen, so lange er sich nicht zum Titel eines Besitzers berechtigt, und wenn er sich hinten nach, da schon ein Anderer davon Besitz genommen hat, auch dafür erklärte, so sagt er doch nur, er sey ehedem einmal Eigenthümer gewesen, aber nicht er sey es noch, und der Besitz sey ohne einen continuirlichen rechtlichen Act unterbrochen ge: blieben. — Es kann also nur ein rechtlicher und zwar sich continuirlich erhaltender und documentirter Besitzact seyn, durch welchen er, bey einem langen Nichtgebrauch, sich das Seine sichert.

Denn setzet: die Versäumung dieses Besitzacts hätte nicht die Folge, daß ein Anderer auf seinen gesetzmäßigen und ehrlichen Besitz (poſſeſſio bonae fidei) einen zu Recht beständigen (poſſeſſio irrefragabilis) gründe, und die Sache, die in seinem Besitz ist, als von ihm erwor: ben ansehe, so würde gar keine Erwerbung peremtorisch (gesichert), sondern alle nur provisorisch (einstweilig seyn); weil die Geschichtskunde ihre Nachforschung bis zum er: sten Besitzer und dessen Erwerbact hinauf zurückzuführen nicht

nicht vermögend ist. — Die Präsumtion, auf welcher sich die Ersitzung (vsucapio) gründet, ist also nicht bloß rechtmäßig (erlaubt, iusta) als Vermuthung, sondern auch rechtlich (praesumtio iuris et de iure) als Voraussetzung nach Zwangsgesetzen (suppositio le-, galis): wer seinen Besitzact zu documentiren verabsäumt, hat seinen Anspruch auf den dermaligen Besitzer verlohren, wobey die Länge der Zeit der Verabsäumung (die gar nicht bestimmt werden kann und darf) nur zum Behuf der Gewißheit dieser Unterlassung angeführt wird. Daß aber ein bisher unbekannter Besitzer, wenn jener Besitzact (es sey auch ohne seine Schuld) unterbrochen worden, die Sache immer wiedererlangen (vindiciren) könne (dominia rerum incerta facere), widerspricht dem obigen Postulat der rechtlich = practischen Vernunft.

Nun kann ihm aber, wenn er ein Glied des gemeinen Wesens ist, d. i. im bürgerlichen Zustande, der Staat wohl seinen Besitz (stellvertretend) erhalten, ob dieser gleich als Privatbesitz unterbrochen war, und der jetzige Besitzer darf seinen Titel der Erwerbung bis zur ersten nicht beweisen, noch auch sich auf den der Ersitzung gründen. Aber im Naturzustande ist der letztere rechtmäßig, nicht eigentlich eine Sache dadurch zu erwerben, sondern ohne einen rechtlichen Act sich im Besitz derselben zu erhalten: welche Befreyung von Ansprüchen dann auch Erwerbung genannt zu werden pflegt. — Die Präscription des älteren Besitzers gehört also zum Naturrecht (est iuris naturae).

II.

II.

Die Beerbung.

(Acquifitio haereditatis.)

§. 34.

Die Beerbung iſt die Uebertragung (translatio) der Habe und des Guts eines Sterbenden auf den Ueber= lebenden durch Zuſammenſtimmung des Willens beyder. — Die Erwerbung des Erbnehmers (haeredis inſtituti) und die Verlaſſung des Erblaſſers (teſtatoris), d. i. dieſer Wechſel des Mein und Dein geſchieht in einem Augenblick (articulo mortis), nämlich, da der letztere eben aufhört zu ſeyn, und iſt alſo eigentlich keine Uebertragung (translatio) im empiriſchen Sinn, welche zwey Actus nach einander, nämlich, wo der eine zuerſt ſeinen Beſitz verläßt, und darauf der Andere darin ein= tritt, vorausſetzt; ſondern eine ideale Erwerbung. — Da die Beerbung ohne Vermächtniß (diſpoſitio vltimae voluntatis) im Naturzuſtande nicht gedacht werden kann, und, ob es ein Erbvertrag (pactum ſucceſſorium), oder einſeitige Erbeseinſetzung (teſtamentum) ſey, es bey der Frage, ob und wie gerade in demſelben Augenblick, da das Subject aufhört zu ſeyn, ein Uebergang des Mein und Dein möglich ſey, ankommt, ſo muß die Frage: wie iſt die Erwerbart durch Beerbung möglich? von den mancherley möglichen Formen ihrer Ausführung (die nur in einem gemeinen Weſen ſtatt finden) unabhängig unterſucht werden.

»Es

»Es ist möglich, durch Erbeseinsetzung zu erwerben.« — Denn der Erblasser Cajus verspricht und erklärt in seinem letzten Willen dem Titus, der nichts von jenem Versprechen weiß, sein Habe solle im Sterbefall auf diesen übergehen, und bleibt also, so lange er lebt, alleiniger Eigenthümer derselben. Nun kann zwar durch den bloßen einseitigen Willen nichts auf den Anderen übergehen: sondern es wird über dem Versprechen noch Annehmung (acceptatio) des anderen Theils dazu erfordert und ein gleichzeitiger Wille (voluntas simultanea), welcher jedoch hier mangelt; denn so lange Cajus lebt, kann Titus nicht ausdrücklich acceptiren, um dadurch zu erwerben; weil jener nur auf den Fall des Todes versprochen hat (denn sonst wäre das Eigenthum einen Augenblick gemeinschaftlich, welches nicht der Wille des Erblassers ist). — Dieser aber erwirbt doch stillschweigend ein eigenthümliches Recht an der Verlassenschaft als ein Sachenrecht, nämlich ausschlüßlich, sie zu acceptiren (ius in re iacente), daher diese in dem gedachten Zeitpunkt haereditas iacens heißt. Da nun jeder Mensch nothwendigerweise (weil er dadurch wohl gewinnen, nie aber verliehren kann), ein solches Recht, mithin auch stillschweigend acceptirt und Titus nach dem Tode des Cajus in diesem Falle ist, so kann er die Erbschaft durch Annahme des Versprechens erwerben, und sie ist nicht etwa mittlerweile ganz herrenlos (res nullius), sondern nur erledigt (res vacua) gewesen; weil er ausschlüßlich das Recht der Wahl hatte, ob er die hinterlassene Habe zu der seinigen machen wollte, oder nicht.

Also

Also sind die Testamente auch nach dem bloßen
Naturrecht gültig (sunt iuris naturae); welche Be=
hauptung aber so zu verstehen ist, daß sie fähig und
würdig seyn im bürgerlichen Zustande (wenn dieser
dereinst eintritt) eingeführt und sanctionirt zu wer=
den. Denn nur dieser (der allgemeine Wille in
demselben) bewahrt den Besitz der Verlassenschaft
während dessen, daß diese zwischen der Annahme und
der Verwerfung schwebt, und eigentlich keinem an=
gehört.

III.

Der Nachlaß eines guten Nahmens nach dem Tode.
(Bona fama defuncti.)

§. 35.

Daß der Verstorbene nach seinem Tode (wenn er
also nicht mehr ist) noch etwas besitzen könne, wäre eine
Ungereimtheit zu denken, wenn der Nachlaß eine Sache
wäre. Nun ist aber der gute Nahme ein angebornes
äußeres, obzwar bloß ideales Mein oder Dein, was dem
Subject als einer Person anhängt, von deren Natur, ob
sie mit dem Tode gänzlich aufhöre zu seyn, oder immer
noch als solche übrig bleibe, ich abstrahiren kann und
muß, weil ich im rechtlichen Verhältniß auf andere, jede
Person bloß nach ihrer Menschheit, mithin als homo
noumenon wirklich betrachte, und so ist jeder Versuch,
ihn nach dem Tode in übele falsche Nachrede zu bringen,

immer

immer bedenklich; obgleich eine gegründete Anklage desselben gar wohl statt findet, (mithin der Grundsatz: de mor-
tuis nihil nisi bene, unrichtig ist) weil gegen den Ab-
wesenden, welcher sich nicht vertheidigen kann, Vorwürfe
auszustreuen, ohne die größte Gewißheit derselben, wenigstens ungroßmüthig ist.

Daß durch ein tadelloses Leben und einen dasselbe
beschließenden Tod der Mensch einen (negativ-) guten
Namen als das Seine, welches ihm übrig bleibt, erwerbe, wenn er als homo phaenomenon nicht mehr
existirt, und daß die Ueberlebenden (angehörige, oder
fremde) ihn auch vor Recht zu vertheidigen befugt sind,
(weil unerwiesene Anklage sie insgesammt wegen ähnlicher
Begegnung auf ihren Sterbefall in Gefahr bringt) daß
er, sage ich, ein solches Recht erwerben könne, ist eine
sonderbare, nichts desto weniger unläugbare Erscheinung
der a priori gesetzgebenden Vernunft, die ihr Gebot und
Verbot auch über die Grenze des Lebens hinaus erstreckt.
— Wenn jemand von einem Verstorbenen ein Verbrechen verbreitet, das diesen im Leben ehrlos, oder nur ver-
ächtlich gemacht haben würde: so kann ein jeder, welcher
einen Beweis führen kann, daß diese Beschuldigung vorsetzlich unwahr und gelogen sey, den, welcher jenen in
böse Nachrede bringt, für einen Calumnianten öffentlich
erklären, mithin ihn selbst ehrlos machen; welches er
nicht thun dürfte, wenn er nicht mit Recht voraus-
setzte, daß der Verstorbene dadurch beleidigt wäre, ob er
gleich todt ist, und daß diesem durch jene Apologie Ge-

nug-

migthuung wiederfahre, ob er gleich nicht mehr exiſtirt. *)
Die Befugniß, die Rolle des Apologeten für den Verſtorbenen zu ſpielen, darf dieſer auch nicht beweiſen; denn
jeder Menſch maßt ſie ſich unvermeidlich an, als nicht
bloß

*) Daß man aber hiebey ja nicht auf Vorempfindung eines
künftigen Lebens und unſichtbare Verhältniſſe zu abge-
ſchiedenen Seelen ſchwärmeriſch ſchließe, denn es iſt hier
von nichts weiter, als dem reinmoraliſchen und rechtlichen
Verhältniſſe, was unter Menſchen auch im Leben ſtatt hat,
die Rede; worin ſie, als intelligible Weſen, ſtehen, indem man alles Phyſiſche (zu ihrer Exiſtenz in Raum und
Zeit gehörende) logiſch davon abſondert, d. i. davon abſtrahirt, nicht aber die Menſchen dieſe ihre Natur ausziehen und ſie Geiſter werden läßt, in welchem
Zuſtande ſie die Beleidigung durch ihre Verläumder füh-
leten. — Der, welcher nach hundert Jahren mir etwas
böſes fälſchlich nachſagt, beleidigt mich ſchon jetzt; denn
im reinen Rechtsverhältniſſe, welches ganz intellectuell
iſt, wird von allen phyſiſchen Bedingungen (der Zeit)
abſtrahirt, und der Ehrenräuber (Calumniant) iſt eben
ſowohl ſtrafbar, als ob er es in meiner Lebzeit gethan
hätte; nur durch kein Criminalgericht, ſondern nur dadurch, daß ihm, nach dem Rechte der Wiedervergeltung,
durch die öffentliche Meinung derſelbe Verluſt der Ehre
zugefügt wird, die er an einem Anderen ſchmälerte. —
Selbſt das Plagiat, welches ein Schriftſteller an Verſtorbenen verübt, ob es zwar die Ehre des Verſtorbenen
nicht befleckt, ſondern dieſem nur einen Theil derſelben
entwendet, wird doch mit Recht als Läſion deſſelben (Men-
ſchenraub) geahndet.

bloß zur Tugendpflicht (ethisch betrachtet) sondern sogar
zum Recht der Menschheit überhaupt gehörig: und es be=
darf hiezu keiner besonderen persönlichen Nachtheile, die
etwa Freunden und Anverwandten aus einem solchen
Schandfleck am Verstorbenen erwachsen dürften, um jenen
zu einer solchen Rüge zu berechtigen. — Daß also eine
solche ideale Erwerbung und ein Recht des Menschen
nach seinem Tode gegen die Ueberlebenden gegründet sey,
ist nicht zu streiten, ob schon die Möglichkeit desselben kei=
ner Deduction fähig ist.

Drittes Hauptstück.

Von der subjectiv=bedingten Erwerbung durch den Aus=
spruch einer öffentlichen Gerichtsbarkeit.

§. 36.

Wenn unter Naturrecht nur das nicht=statutarische, mit=
hin lediglich das a priori durch jedes Menschen Vernunft
erkennbare Recht verstanden wird, so wird nicht bloß die
zwischen Personen in ihrem wechselseitigen Verkehr un=
ter einander geltende Gerechtigkeit (iuſtitia commutatiua), sondern auch die austheilende (iuſtitia diſtri-
butiua), so wie sie nach ihrem Gesetze a priori erkannt
werden kann, daß sie ihren Spruch (ſententia) fällen
müsse, gleichfalls zum Naturrecht gehören.

Die

Die moralische Person, welche der Gerechtigkeit vorsteht, ist der Gerichtshof (forum), und, im Zustande ihrer Ausführung, das Gericht (iudicium): alles nur nach Rechtsbedingungen a priori gedacht, ohne, wie eine solche Verfassung wirklich einzurichten und zu organisiren sey, (wozu Statute, also empirische Principien gehören) in Betrachtung zu ziehen.

Die Frage ist also hier nicht bloß, was ist an sich recht, wie nämlich hierüber ein jeder Mensch für sich zu urtheilen habe, sondern, was ist vor einem Gerichtshofe recht, d. i. was ist Rechtens? und da giebt es vier Fälle, wo beyderley Urtheile verschieden und entgegengesetzt ausfallen, und dennoch neben einander bestehen können; weil sie aus zwey verschiedenen, beyderseits wahren, Gesichtspunkten gefället werden: die eine nach dem Privatrecht, die andere nach der Idee des öffentlichen Rechts. — Sie sind: 1) der Schenkungsvertrag (pactum donationis). 2) Der Leihvertrag (commodatum). 3) Die Wiedererlangung (vindicatio). 4) Die Vereidigung (iuramentum).

Es ist ein gewöhnlicher Fehler der Erschleichung (vitium subreptionis) der Rechtslehrer, dasjenige rechtliche Princip, was ein Gerichtshof, zu seinem eigenen Behuf (also in subjectiver Absicht), anzunehmen befugt, ja sogar verbunden ist, um über jedes Einem zustehende Recht zu sprechen und zu richten,

richten, auch objectiv, für das, was an sich selbst
recht ist, zu halten: da das erstere doch von dem
letzteren sehr unterschieden ist. — Es ist daher von
nicht geringer Wichtigkeit, diese specifische Verschiedenheit kennbar und darauf aufmerksam zu machen.

A.

§. 37.

Von dem Schenkungsvertrag.

Dieser Vertrag (donatio); wodurch ich das Mein,
meine Sache (oder mein Recht) unvergolten (gratis)
veräußere, enthält ein Verhältniß von mir, dem Schen-
kenden (donans), zu einem Anderen, dem Beschenkten
(donatarius), nach dem **Privatrecht**, wodurch das
Meine auf diesen durch Annehmung des letzteren (donum)
übergeht. — Es ist aber nicht zu präsumiren, daß ich
hiebey gemeinet sey, zu der Haltung meines Versprechens
gezwungen zu werden, und also auch meine **Freyheit**
umsonst wegzugeben, und gleichsam mich selbst wegzuwer-
fen (nemo suum iactare praesumitur), welches doch
nach dem Recht im bürgerlichen Zustande geschehen würde;
denn da kann der Zubeschenkende mich zu Leistung des Versprechens zwingen. Es müßte also, wenn die Sache
vor Gericht käme, d. i. nach einem öffentlichen Recht, entweder präsumirt werden, der Verschenkende willigte zu diesem Zwange ein, welches ungereimt ist, oder der Gerichtshof sehe in seinem Spruch (Sentenz) gar nicht darauf, ob
jener die Freyheit, von seinem Versprechen abzugehen, hat

vor-

vorbehalten wollen, oder nicht, sondern auf das, was ge=
wiß ist, nämlich das Versprechen und die Acceptation des
Promissars. Wenn also gleich der Promittent, wie wohl
vermuthet werden kann, gedacht hat, daß, wenn es ihm
noch vor der Erfüllung gereuet, das Versprechen gethan zu
haben, man ihn daran nicht binden könne; so nimmt doch
das Gericht an, daß er sich dieses ausdrücklich hätte vor=
behalten müssen, und, wenn er es nicht gethan hat, zu
Erfüllung des Versprechens könne gezwungen werden, und
dieses Princip nimmt der Gerichtshof darum an, weil ihm
sonst das Rechtsprechen unendlich erschwert, oder gar un=
möglich gemacht werden würde.

B.

§. 38.

Vom Leihvertrag.

In diesem Vertrage (commodatum), woburch ich
jemanden den unvergoltenen Gebrauch des Meinigen erlau=
be: wo, wenn dieses eine Sache ist, die Paciscenten darin
übereinkommen, daß dieser mir eben dieselbe Sache
wiederum in meine Gewalt bringe, kann der Empfänger
des Geliehenen (commodatarius) nicht zugleich präsu=
miren, der Eigenthümer desselben (commodans) neh=
me auch alle Gefahr (casus) des möglichen Verlustes
der Sache, oder ihrer ihm nützlichen Beschaffenheit, über
sich, der daraus, daß er sie in den Besitz des Empfän=
gers gegeben hat, entspringen könnte. Denn es versieht
sich

sich nicht von selbst, daß der Eigenthümer außer dem Gebrauch seiner Sache, den er dem Lehnsempfänger bewilligt (dem von demselben unzertrennlichen Abbruche derselben) auch die Sicherstellung wider allen Schaden, der
ihm daraus entspringen kann, daß er sie aus seiner eigenen
Gewahrsame gab, erlassen habe; sondern darüber müßte ein
besonderer Vertrag gemacht werden. Es kann also nur die
Frage seyn: wem von beyden, dem Lehnsgeber oder Lehnsempfänger, es obliegt, die Bedingung der Uebernehmung
der Gefahr, die der Sache zustoßen kann, dem Leihevertrag
ausdrücklich beyzufügen, oder, wenn das nicht geschieht,
von wem man die Einwilligung zur Sicherstellung
des Eigenthums des Lehnsgebers (durch die Zurückgabe
derselben oder ein Aequivalent) präsumiren könne? Von
dem Darleiher nicht; weil man nicht präsumiren kann,
er habe mehr umsonst eingewilligt, als den bloßen
Gebrauch der Sache (nämlich nicht auch noch oben-
ein die Sicherheit des Eigenthums selber zu übernehmen), aber wohl von dem Lehnsnehmer; weil
er da nichts mehr leistet, als gerade im Vertrage ent-
enthalten ist.

Wenn ich, z. B. bey einfallendem Regen, in ein
Haus eintrete, und erbitte mir einen Mantel zu leihen,
der aber, etwa durch unvorsichtige Ausgießung abfärben-
der Materien aus dem Fenster, auf immer verdorben,
oder, wenn er, indem ich ihn in einem anderen Hause,
wo ich eintrete, ablege, mir gestohlen wird, so muß doch
die Behauptung jedem Menschen als ungereimt auffallen,
ich

ich hätte nichts weiter zu thun, als jenen, so wie er ist, zurückzuschicken, oder den geschehenen Diebstahl nur zu melden; allenfalls sey es noch eine Höflichkeit den Eigenthümer dieses Verlustes wegen zu beklagen, da er aus seinem Recht nichts fordern könne. — Ganz anders lautet es, wenn ich bey der Erbittung dieses Gebrauchs zugleich auf den Fall, daß die Sache unter meinen Händen verunglückte, mir zum voraus erbäte, auch diese Gefahr zu übernehmen, weil ich arm und den Verlust zu ersetzen unvermögend wäre. Niemand wird das letztere überflüßig und lächerlich finden, außer etwa, wenn der Anleihende ein bekanntlich vermögender und wohldenkender Mann wäre, weil es alsdann beynahe Beleidigung seyn würde, die großmüthige Erlassung meiner Schuld in diesem Falle nicht zu präsumiren.

*   *

Da nun über das Mein und Dein aus dem Leihvertrage, wenn (wie es die Natur dieses Vertrages so mit sich bringt) über die mögliche Verunglückung (casus), die die Sache treffen möchte, nicht verabredet worden, er also, weil die Einwilligung nur präsumirt worden, ein ungewisser Vertrag (pactum incertum) ist, das Urtheil darüber, d. i. die Entscheidung, wen das Unglück treffen müße, nicht aus den Bedingungen des Vertrages an sich selbst, sondern wie sie allein vor einem Gerichtshofe, der immer nur auf das Gewisse in jenem sieht (welches hier der Besitz der Sache als Eigenthum ist)

ist) entschieden werden kann, so wird das Urtheil im Naturzustande, d. i. nach der Sache innerer Beschaffenheit, so lauten: der Schade aus der Verunglückung einer geliehenen Sache fällt auf den Beliehenen (calum sentit commodatarius), dagegen im bürgerlichen, also vor einem Gerichtshofe, wird die Sentenz so ausfallen: der Schade fällt auf den Anleiher (calum sentit dominus) und zwar aus dem Grunde verschieden von dem Ausspruche der bloßen gesunden Vernunft, weil ein öffentlicher Richter sich nicht auf Präsumtionen von dem, was der eine oder andere Theil gedacht haben mag, einlassen kann, sondern der, welcher sich nicht die Freyheit von allem Schaden an der geliehenen Sache durch einen besonderen angehängten Vertrag ausbedungen hat, diesen selbst tragen muß. — Also ist der Unterschied zwischen dem Urtheile, wie es ein Gericht fällen müßte, und dem, was die Privatvernunft eines jeden für sich zu fällen berechtigt ist, ein durchaus nicht zu übersehender Punct in Berichtigung der Rechtsurtheile.

C.

Von der Wiedererlängung (Rückbemächtigung) des Verlohrnen (vindicatio).

§. 39.

Daß eine fortdauernde Sache, die mein ist, mein bleibe, ob ich gleich nicht in der fortdauernden Inhabung derselben bin, und selbst ohne einen rechtlichen Act (dere-

K   lictio-

lictionis vel alienationis) mein zu seyn nicht aufhöre:
und daß mir ein Recht in dieser Sache (ius reale),
mithin gegen jeden Inhaber, nicht bloß gegen eine bestimmte Person (ius personale) zusteht, ist aus dem
obigen klar.   Ob aber auch dieses Recht von jedem
Anderen, als ein für sich fortdauerndes Eigenthum
müsse angesehen werden, wenn ich demselben nur nicht
entsagt habe, und die Sache in dem Besitz eines Anderen ist, das ist nun, die Frage.

Ist die Sache mir abhanden gekommen (res amissa)
und so von einem Anderen auf ehrliche Art (bona
fide), als ein vermeinter Fund, oder durch förmliche
Veräußerung des Besitzers, der sich als Eigenthümer
führt, an mich gekommen, obgleich dieser nicht Eigenthümer ist, so frägt sich, ob, da ich von einem Nicht-
eigenthümer (a non domino) eine Sache nicht erwerben kann, ich durch jenen von allem Recht in dieser
Sache ausgeschlossen werde, und bloß ein persönliches gegen den unrechtmäßigen Besitzer übrig behalte. -- Das
letztere ist offenbar der Fall, wenn die Erwerbung bloß
nach ihren innern berechtigenden Gründen (im Naturzustande), nicht nach der Convenienz eines Gerichtshofes
beurtheilet wird.

Denn alles Veräußerliche muß von irgend jemand
können erworben werden.   Die Rechtmäßigkeit der Erwerbung aber beruht gänzlich auf der Form, nach welcher
das, was im Besitz eines Anderen ist, auf mich übertragen

und

und von mir angenommen wird, d. i. auf der Förmlich⸗
keit des rechtlichen Acts des Verkehrs (commutatio)
zwiſchen dem Beſitzer der Sache und dem Erwerbenden,
ohne daß ich fragen darf, wie jener dazu gekommen ſey;
weil dieſes ſchon Beleidigung ſeyn würde (quilibet prae-
ſumitur bonus, etc.). Geſetzt nun, es ergäbe ſich in
der Folge, daß jener nicht Eigenthümer ſey, ſondern ein
Anderer, ſo kann ich nicht ſagen, daß dieſer ſich gerade
zu an mich halten könnte, (ſo wie auch an jeden Anderen,
der Inhaber der Sache ſeyn möchte). Denn ich habe
ihm nichts entwandt, ſondern, z. B. das Pferd, was
auf öffentlichem Markte feil geboten wurde, dem Geſetze
gemäß (titulo emti venditi) erſtanden; weil der Titel
der Erwerbung meinerſeits unbeſtritten iſt, ich aber (als
Käufer) den Titel des Beſitzes des Anderen (des Ver⸗
käufers) nachzuſuchen, — da dieſe Nachforſchung in der
aufſteigenden Reihe ins Unendliche gehen würde, — nicht
verbunden, ja ſo gar nicht einmal befugt bin. Alſo bin
ich, durch den gehörig-betitelten Kauf, nicht der bloß
putative, ſondern der wahre Eigenthümer des Pfer⸗
des geworden.

Hierwider erheben ſich aber folgende Rechtsgründe:
Alle Erwerbung von einem, der nicht Eigenthümer der
Sache iſt (a non domino), iſt null und nichtig. Ich
kann von dem Seinen eines Anderen nicht mehr auf mich
ableiten, als er ſelbſt rechtmäßig gehabt hat, und, ob
ich gleich, was die Form der Erwerbung (modus acqui-
rendi) betrifft, ganz rechtlich verfahre, wenn ich ein

geſtoh⸗

gestohlen Pferd, was auf dem Markte feil steht, er=
handle, so fehlt doch der Titel der Erwerbung; denn das
Pferd war nicht das Seine des eigentlichen Verkäufers.
Ich mag immer ein ehrlicher Besitzer desselben (posses=
sor bonae fidei) seyn, so bin ich doch nur ein sich
dünkender Eigenthümer (dominus putatiuus) und der
wahre Eigenthümer hat ein Recht der Wiedererlan=
gung (rem suam vindicandi).

Wenn gefragt wird, was (im Naturzustande) unter
Menschen nach Principien der Gerechtigkeit im Verkehr
derselben untereinander (iustitia commutatiua) in Er=
werbung äußerer Sachen an sich Rechtens sey, so muß
man eingestehen: daß, wer dieses zur Absicht hat, durch=
aus nöthig habe, noch nachzuforschen, ob die Sache, die
er erwerben will, nicht schon einem Anderen angehöre;
nämlich, wenn er gleich die formalen Bedingungen der
Ableitung der Sache von dem Seinen des Anderen genau
beobachtet (das Pferd auf dem Markte ordentlich erhan=
delt) hat, er dennoch höchstens nur ein persönliches
Recht in Ansehung einer Sache (ius ad rem) habe er=
werben können, so lange es ihm noch unbekannt ist, ob
nicht ein anderer (als der Verkäufer) der wahre Eigen=
thümer derselben sey; so daß, wenn sich einer vorfindet,
der sein vorhergehendes Eigenthum daran documentiren
könnte, dem vermeinten neuen Eigenthümer nichts übrig
bliebe, als den Nutzen, so er, als ehrlicher Besitzer, bis=
her daraus gezogen hat, bis auf diesen Augenblick recht=
mäßig genossen zu haben. — Da nun in der Reihe der

ven einander ihr Recht ableitenden sich dünkenden Ei=
genthümer den schlechthin ersten (Stammeigenthümer)
auszufinden, mehrentheils unmöglich ist: so kann kein Ver=
kehr mit äußeren Sachen, so gut er auch mit den forma=
len Bedingungen dieser Art von Gerechtigkeit (iuſtitia
commutatiua) übereinstimmen möchte, einen sicheren Er=
werb gewähren.

* *

Hier tritt nun wieder die rechtlich=gesetzgebende Ver=
nunft mit dem Grundsatz der diſtributiven Gerech=
tigkeit ein, die Rechtmäßigkeit des Besitzes, nicht wie
sie an sich in Beziehung auf den Privatwillen eines jeden
(im natürlichen Zustande), sondern nur wie sie vor einem
Gerichtshofe, in einem durch den allgemein=vereinig=
ten Willen entstandenen Zustande (in einem bürgerlichen)
abgeurtheilt werden würde, zur Richtschnur anzunehmen:
wo alsdann die Uebereinstimmung mit den formalen Be=
dingungen der Erwerbung, die an sich nur ein persönli=
ches Recht begründen, zu Ersetzung der materialen Gründe
(welche die Ableitung von dem Seinen eines vorhergehen=
den prätendirenden Eigenthümers begründen) als hin=
reichend postulirt wird, und ein an sich persönliches
Recht, vor einem Gerichtshof gezogen, als ein
Sachenrecht gilt, z. B. daß das Pferd, was auf öf=
fentlichem, durchs Polizeygesetz geordneten Markt, jeder=
mann feil sieht, wenn alle Regeln des Kaufs und Ver=
kaufs genau beobachtet worden, mein Eigenthum werde,
(so doch, daß dem wahren Eigenthümer das Recht bleibt,

den

den Verkäufer, wegen seines älteren unverwirkten Besitzes, in Anspruch zu nehmen) und mein sonst persönliches Recht in ein Sachenrecht, nach welchem ich das Meine, wo ich es finde, nehmen (vindiciren) darf, verwandelt wird, ohne mich auf die Art, wie der Verkäufer dazu gekommen, einzulassen.

Es geschieht also nur zum Behuf des Rechtsspruchs vor einem Gerichtshofe (in fauorem iuſtitiae diſtributivae), daß das Recht in Ansehung einer Sache nicht, wie es an sich ist (als ein persönliches), sondern wie es am leichteſten und ſicherſten abgeurtheilt werden kann, (als Sachenrecht), doch nach einem reinen Princip a priori, angenommen und behandelt werde. — Auf diesem gründen sich nun nachher verschiedene ſtatuariſche Gesetze (Verordnungen), die vorzüglich zur Absicht haben, die Bedingungen, unter denen allein eine Erwerbungsart rechtskräftig ſeyn ſoll, ſo zu ſtellen, daß der Richter das Seine einem jeden am leichteſten und unbedenklichſten zuerkennen könne: z. B. in dem Satz: Kauf bricht Miethe, wo, was der Natur des Vertrags nach, d. i. an sich, ein Sachenrecht iſt, (die Miethe) für ein bloß perſönliches und umgekehrt, wie in dem obigen Fall, was an sich bloß ein persönliches Recht iſt, für ein Sachenrecht gilt; wenn die Frage iſt, auf welche Principien ein Gerichtshof im bürgerlichen Zuſtande anzuweisen ſey, um in seinen Ausſprüchen, wegen des einem jeden zuſtehenden Rechts am ſicherſten zu gehen.

D.

D.

Von Erwerbung der Sicherheit durch Eydesablegung.
(Cautio iuratoria).

§. 40.

Man kann keinen anderen Grund angeben, der recht=
lich Menschen verbinden könnte, zu glauben und zu be=
kennen, daß es Götter gebe, als den, damit sie einen Eyd
schwören, und durch die Furcht vor einer allsehenden ober=
sten Macht, deren Rache sie feyerlich gegen sich aufrufen
mußten, im Fall, daß ihre Aussage falsch wäre, genö=
thigt werden könnten, wahrhaft im Aussagen und treu im
Versprechen zu seyn. Daß man hiebey nicht auf die Mo=
ralität dieser beyden Stücke, sondern bloß auf einen blin=
den Aberglauben derselben rechnete, ist daraus zu ersehen,
daß man sich von ihrer bloßen feyerlichen Aussage
vor Gericht in Rechtssachen keine Sicherheit versprach,
ob gleich die Pflicht der Wahrhaftigkeit in einem Falle, wo
es auf das heiligste, was unter Menschen nur seyn kann,
(aufs Recht der Menschen) ankommt, jedermann so klar
einleuchtet, mithin bloße Märchen den Bewegungsgrund
ausmachen: wie z. B. das unter den Rejangs, einem
heidnischen Volk auf Sumatra, welche, nach Marsdens
Zeugniß, bey den Knochen ihrer verstorbenen Anverwand=
ten schwören, ob sie gleich gar nicht glauben, daß es noch
ein Leben nach dem Tode gebe, oder der Eyd der Gui=
nea schwarzen bey ihrem Fetisch, etwa einer Vogelfe=
der, auf die sie sich vermessen, daß sie ihnen den Hals

brechen

brechen solle u. dgl.   Sie glauben, daß eine unsichtbare
Macht, sie mag nun Verstand haben oder nicht, schon ihrer Natur nach, diese Zauberkraft habe, die durch einen
solchen Aufruf in That versetzt wird. — Ein solcher
Glaube, dessen Name Religion ist, eigentlich aber Su-
perstition heißen sollte, ist aber für die Rechtsverwaltung
unentbehrlich, weil, ohne auf ihn zu rechnen, der Gerichtshof nicht genugsam im Stande wäre, geheim ge-
haltene Facta auszumitteln, und recht zu sprechen.   Ein
Gesetz, das hiezu verbindet, ist also offenbar nur zum
Behuf der richtenden Gewalt gegeben.

Aber nun ist die Frage: worauf gründet man die
Verbindlichkeit, die jemand vor Gerichte haben soll, eines
Anderen Eyd als zu Recht gültigen Beweisgrunde der
Wahrheit seines Vorgebens anzunehmen, der allem Hader
ein Ende mache, d. i. was verbindet mich rechtlich, zu
glauben, daß ein Anderer (der Schwörende) überhaupt
Religion habe, um mein Recht auf seinen Eyd ankommen
zu lassen?   Imgleichen umgekehrt: kann ich überhaupt
verbunden werden, zu schwören?   Beydes ist an sich
unrecht.

Aber in Beziehung auf einen Gerichtshof, also im
bürgerlichen Zustande, wenn man annimmt, daß es kein
anderes Mittel giebt, in gewissen Fällen hinter die Wahrheit zu kommen, als den Eyd, muß von der Religion
vorausgesetzt werden, daß sie jeder habe, um sie, als ein
Nothmittel (in casu necessitatis), zum Behuf des rechtlichen

lichen Verfahrens vor einem Gerichtshofe zu gebrau=
chen, welcher diesen Geisteszwang (tortura spiritualis)
für ein behenderes und dem abergläubischen Hange der
Menschen angemesseneres Mittel der Aufdeckung des Ver=
borgenen, und sich darum für berechtigt hält, es zu ge=
brauchen. — Die gesetzgebende Gewalt handelt aber im
Grunde unrecht, diese Befugniß der richterlichen zu erthei=
len; weil selbst im bürgerlichen Zustande ein Zwang zu
Eydesleistungen der unverleihbaren menschlichen Freyheit
zuwider ist.

Wenn die Amtseyde, welche gewöhnlich pro mis=
sorisch sind, daß man nämlich den ernstlichen Vor=
satz habe, sein Amt pflichtmäßig zu verwalten, in
assertorische verwandelt würden, daß nämlich der
Beamte etwa zu Ende eines Jahres (oder mehrerer)
verbunden wäre, die Treue seiner Amtsführung wäh=
rend desselben zu beschwören: so würde dieses Theils
das Gewissen mehr in Bewegung bringen, als der
Versprechungseyd, welcher hinterher noch immer den
inneren Vorwand übrig läßt, man habe, bey dem
besten Vorsatz, die Beschwerden nicht voraus gesehen,
die man nur nachher während der Amtsverwaltung
erfahren habe, und die Pflichtübertretungen würden
auch, wenn ihre Summirung durch Aufmerker bevor=
stände, mehr Besorgniß der Anklage wegen erregen,
als wenn sie bloß eine nach der anderen (über wel=
che die vorigen vergessen sind) gerügt würden. —
Was aber das Beschwören des Glaubens (de cre-
dulitate) betrift, so kann dieses gar nicht von ei=
nem Gericht verlangt werden. Denn erstlich enthält
es

es in sich selbst einen Widerspruch: dieses Mittelding zwischen Meinen und Wissen, weil es so etwas ist, worauf man wohl zu wetten, keinesweges aber darauf zu schwören sich getrauen kann. Zweytens begeht der Richter, der solchen Glaubenseyd dem Parten ansinnete, um etwas zu seiner Absicht gehöriges, gesetzt es sey auch das gemeine Beste, auszumitteln, einen großen Verstoß an der Gewissenhaftigkeit des Eydleistenden, theils durch den Leichtsinn, zu dem er verleitet, theils durch Gewissensbisse, die ein Mensch fühlen muß, der heute eine Sache, aus einem gewissen Gesichtspunkte betrachtet, sehr wahrscheinlich; morgen aber, aus einem anderen, ganz unwahrscheinlich finden kann, und lädirt also denjenigen, den er zu einer solchen Eydesleistung nöthigt.

Uebergang von dem Mein und Dein im Naturzustande zu dem im rechtlichen Zustande überhaupt.

§. 41.

Der rechtliche Zustand ist dasjenige Verhältniß der Menschen unter einander, welches die Bedingungen enthält, unter denen allein jeder seines Rechts theilhaftig werden kann, und das formale Princip der Möglichkeit desselben, nach der Idee eines allgemein gesetzgebenden Willens betrachtet, heißt die öffentliche Gerechtigkeit, welche in Beziehung, entweder auf die Möglichkeit, oder Wirklichkeit, oder Nothwendigkeit des Besitzes der Gegenstände (als der Materie der Willkühr) nach Gesetzen, in die beschützende (iustitia tutatrix) die wechselseitig erwerbende

(iusti-

(iustitia commutativa) und die austheilende Ge=
rechtigkeit (iustitia distributiva) eingetheilt werden
kann. — Das Gesetz sagt hiebey erstens, bloß welches
Verhalten innerlich der Form nach recht ist (lex iusti);
zweytens, was als Materie noch auch äußerlich gesetz=
fähig, d. i. dessen Besitzstand rechtlich ist (lex iuridica);
drittens, was und wovon der Ausspruch vor einem Ge=
richtshofe in einem besonderen Falle unter dem gegebenen
Gesetze diesem gemäß, d. i. Rechtens ist (lex iustitiae),
wo man denn auch jenen Gerichtshof selbst die Gerechtig=
keit eines Landes nennt, und, ob eine solche sey oder nicht
sey, als die wichtigste unter allen rechtlichen Angelegenhei=
ten gefragt werden kann.

Der nicht rechtliche Zustand, d. i. derjenige, in wel=
chem keine austheilende Gerechtigkeit ist, heißt der natürli=
che Zustand (status naturalis). Ihm wird nicht der
gesellschaftliche Zustand (wie Achenwall meint) und
der ein künstlicher (status artificialis) heißen könnte, son=
dern der bürgerliche (status civilis) einer unter einer
distributiven Gerechtigkeit stehenden Gesellschaft entgegenge=
setzt; denn es kann auch im Naturzustande rechtmäßige Ge=
sellschaften (z. B. eheliche, väterliche, häusliche überhaupt
und andere beliebige mehr) geben, von denen kein Gesetz
a priori gilt: »du sollst in diesen Zustand treten« wie es
wohl vom rechtlichen Zustande gesagt werden kann, daß
alle Menschen, die mit einander (auch unwillkührlich) in
Rechtsverhältnisse kommen können, in diesen Zustand treten
sollen.

Man

Man kann den ersteren und zweyten Zustand den des
Privatrechts, den letzteren und dritten aber den des öffentlichen Rechts nennen. Dieses enthält nicht mehr,
oder andere Pflichten der Menschen unter sich, als in jenem
gedacht werden können; die Materie des Privatrechts ist eben
dieselbe in beyden. Die Gesetze des letzteren betreffen also
nur die rechtliche Form ihres Beysammenseyns (Verfassung),
in Ansehung deren diese Gesetze nothwendig als öffentliche
gedacht werden müssen.

Selbst der bürgerliche Verein (unio civilis)
kann nicht wohl eine Gesellschaft genannt werden; denn
zwischen dem Befehlshaber (imperans) und dem
Unterthan (subditus) ist keine Mitgenossenschaft; sie
sind nicht Gesellen, sondern einander untergeordnet,
nicht beygeordnet, und die sich einander beyordnen,
müssen sich; eben deshalb, untereinander als gleich ansehen, so fern sie unter gemeinsamen Gesetzen stehen. Jener
Verein ist also nicht sowohl als macht vielmehr eine Gesellschaft.

§. 42.

Aus dem Privatrecht im natürlichen Zustande geht
nun das Postulat des öffentlichen Rechts hervor: du sollst,
im Verhältnisse eines unvermeidlichen Nebeneinanderseyns,
mit allen anderen, aus jenem heraus, in einen rechtlichen
Zustand, d. i. den einer austheilenden Gerechtigkeit, übergehen. — Der Grund davon läßt sich analytisch aus dem
Be=

Begriffe des Rechts, im äußeren Verhältniß, im Gegensatz der Gewalt (violentia) entwickeln.

Niemand ist verbunden, sich des Eingriffs in den Besitz des Anderen zu enthalten, wenn dieser ihm nicht gleichmäßig auch Sicherheit giebt, er werde eben dieselbe Enthaltsamkeit gegen ihn beobachten. Er darf also nicht abwarten, bis er etwa durch eine traurige Erfahrung von der entgegengesetzten Gesinnung des letzteren belehrt wird; denn was sollte ihn verbinden, allererst durch Schaden klug zu werden, da er die Neigung der Menschen überhaupt über andere den Meister zu spielen (die Ueberlegenheit des Rechts anderer nicht zu achten, wenn sie sich, der Macht oder List nach, diesen überlegen fühlen) in sich selbst hinreichend wahrnehmen kann, und es ist nicht nöthig, die wirkliche Feindseligkeit abzuwarten; er ist zu einem Zwange gegen den befugt, der ihm schon seiner Natur nach damit droht. (Quilibet praesumitur malus, donec securitatem dederit oppositi).

Bey dem Vorsatze, in diesem Zustande äußerlich gesetzloser Freyheit zu seyn und zu bleiben, thun sie einander auch gar nicht unrecht, wenn sie sich untereinander befehden; denn was dem einen gilt, das gilt auch wechselseitig dem Anderen, gleich als durch eine Uebereinkunft (uti partes de iure suo disponunt, ita ius est): aber überhaupt thun sie im höchsten Grade daran unrecht*) in einem

Zu=

---

*) Dieser Unterschied zwischen dem, was bloß formaliter, und dem, was auch materialiter unrecht ist, hat in der Rechts-

lehre

Zustande seyn und bleiben zu wollen, der kein rechtlicher ist, d. i. in dem Niemand des Seinen wider Gewaltthätigkeit sicher ist.

lehre mannigfaltigen Gebrauch. Der Feind, der, statt seine Capitulationen mit der Besatzung einer belagerten Festung ehrlich zu vollziehen, sie bey dieser ihrem Auszuge miß= handelt, oder sonst diesen Vertrag bricht, kann nicht über Unrecht klagen, wenn sein Gegner bey Gelegenheit ihm denselben Streich spielt. Aber sie thun überhaupt im höchsten Grade unrecht, weil sie dem Begrif des Rechts selber alle Gultigkeit nehmen, und alles der wilden Ge= walt, gleichsam gesetzmäßig, überliefern, und so das Recht der Menschen überhaupt umstürzen.

Anhang

erläuternder Bemerkungen

zu den

metaphysischen Anfangsgründen

der Rechtslehre.

Die Veranlassung zu denselben nehme ich größtentheils von der Recension dieses Buchs in den Götting. Anz. 28stes Stück, den 18ten Februar 1797; welche, mit Einsicht und Schärfe der Prüfung, dabey aber doch auch mit Theilnahme und » der Hoffnung, daß jene Anfangs=gründe Gewinn für die Wissenschaft bleiben werden, « abgefaßt, ich hier zum Leitfaden der Beurtheilung, über=dem auch einiger Erweiterung dieses Systems, gebrau=chen will.

Gleich beym Anfange der Einleitung in die Rechtslehre stößt sich mein scharfprüfender Recensent an einer Definition. — Was heißt Begehrungs=oder

mögen?

mögen? Sie ist, sagt der Text, das Vermögen, durch seine Vorstellungen Ursache der Gegenstände dieser Vorstellungen zu seyn. — Dieser Erklärung wird entgegengesetzt: »daß sie nichts wird, sobald man von äußeren Bedingungen der Folge des Begehrens abstrahirt. — Das Begehrungsvermögen ist aber auch dem Idealisten Etwas, obgleich diesem die Außenwelt nichts ist.« Antwort: Giebt es aber nicht auch eine heftige, und doch zugleich mit Bewußtseyn vergebliche, Sehnsucht (z. B. wollte Gott jener Mann lebte noch!), die zwar thatleer, aber doch nicht folgeleer ist; und, zwar nicht an Außendingen, aber doch im Innern des Subjects selbst mächtig wirkend (Krank macht). Eine Begierde als Bestreben (nisus) vermittelst seiner Vorstellungen Ursache zu seyn, ist, wenn das Subject gleich die Unzulänglichkeit der letzteren zur beabsichtigten Wirkung einsieht, doch immer Caussalität, wenigstens im Innern desselben. — Was hier den Misverstand ausmacht, ist: daß, da das Bewußtseyn seines Vermögens überhaupt (in dem genannten Falle) zugleich das Bewußtseyn seines Unvermögens in Ansehung der Außenwelt ist, die Definition auf den Idealisten nicht anwendbar ist; indessen daß doch, da hier bloß von dem Verhältnisse einer Ursache (der Vorstellung) zur Wirkung (dem Gefühl) überhaupt die Rede ist, die Caussalität der Vorstellung (jene mag äußerlich oder innerlich seyn) in Ansehung ihres Gegenstandes im Begriff des Begehrungsvermögens unvermeidlich gedacht werden muß.

1. Logi=

I.

rogische Vorbereitung zu einem neuerdings gewagten
Rechtsbegriffe.

Wenn rechtskundige Philosophen sich bis zu den metaphysischen Anfangsgründen der Rechtslehre erheben, oder
versteigen, wollen (ohne welche alle ihre Rechtswissenschaft
bloß statutarisch seyn würde), so können sie über die Siche-
rung der Vollständigkeit ihrer Eintheilung der Rechtsbegriffe nicht gleichgültig wegsehen; weil jene Wissenschaft
sonst kein Vernunftsystem, sondern bloß aufgeraftes
Aggregat seyn würde. — Die Topick der Principien
muß, der Form des Systems halber, vollständig seyn,
d. i., es muß der Platz zu einem Begrif (locus com-
munis) angezeigt werden, der nach der synthetischen Form
der Eintheilung für diesen Begrif offen ist: man mag
nachher auch darthun, daß einer oder der andere Begriff,
der in diesen Platz gesetzt würde, an sich widersprechend
sey und aus diesem Platze wegfalle.

Die Rechtslehrer haben bisher nun zwey Gemeinplätze
besetzt: den des dinglichen und den des persönlichen
Rechts. Es ist natürlich, zu fragen: ob auch, da noch
zwey Plätze, aus der bloßen Form der Verbindung beyder zu
einem Begriffe, als Glieder der Eintheilung a priori, offen
stehen, nämlich der eines auf persönliche Art dinglichen, inglei-
chen der eines auf dingliche Art persönlichen Rechts, ob
nämlich ein solcher neuhinzukommender Begrif auch statthaft sey, und vor der Hand, obzwar nur problematisch,
in der vollständigen Tafel der Eintheilung angetroffen wer-

L   den

den müsse. Das letztere leidet keinen Zweifel. Denn die bloß logische Eintheilung (die vom Inhalt der Erkenntniß — dem Object — abstrahirt) ist immer Dichotomie, z. B. ein jedes Recht ist entweder ein dingliches oder ein nicht=dingliches Recht. Diejenige aber, von der hier die Rede ist, nämlich die metaphysische Eintheilung, kann auch Tetrachotomie seyn; weil, außer den zwey einfachen Gliedern der Eintheilung, noch zwey Verhältnisse, nämlich die der das Recht einschränkenden Bedingungen hinzukommen, unter denen das eine Recht mit dem anderen in Verbindung tritt, deren Möglichkeit einer besonderen Untersuchung bedarf. — Der Begrif eines auf persönliche Art dinglichen Rechts fällt ohne weitere Umstände weg; denn es läßt sich kein Recht einer Sache gegen eine Person denken. Nun fragt sich: ob die Umkehrung dieses Verhältnisses auch eben so undenkbar sey; oder ob dieser Begrif, nämlich der eines auf dingliche Art persönlichen Rechts, nicht allein ohne inneren Widerspruch, sondern selbst auch ein nothwendiger (a priori in der Vernunft gegebener) zum Begriffe des äußeren Mein und Dein gehörender Begrif sey, Personen auf ähnliche Art als Sachen, zwar nicht in allen Stücken zu behandlen, aber sie doch zu besitzen und in vielen Verhältnissen mit ihnen als Sachen zu verfahren.

2.

Rechtfertigung des Begriffs von einem auf dingliche Art persönlichen Recht.

Die Definition des auf dingliche Art persönlichen Rechts ist nun kurz und gut diese: »es ist das Recht des Menschen, eine Person außer sich als das Seine*) zu haben.« Ich sage mit Fleiß eine Person; denn einen anderen Menschen, der durch Verbrechen seine Persönlichkeit eingebüßt hat (zum Leibeigenen geworden ist), könnte man wohl als das Seine haben; von diesem Sachenrecht ist aber hier nicht die Rede.

Ob nun jener Begriff »als neues Phänomen am juristischen Himmel« eine Stella mirabilis (eine bis zum

Stern

---

*) Ich sage hier auch nicht: »eine Person als die meinige (mit dem Adjectiv) sondern als das Meine (ro meum, mit dem Substantiv) zu haben. Denn ich kann sagen: dieser ist mein Vater, das bezeichnet nur mein physisches Verhältniß (der Verknüpfung) zu ihm überhaupt. Z. B. »ich habe einen Vater.« Aber ich kann nicht sagen: »ich habe ihn als das Meine.« Sage ich aber mein Weib: so bedeutet dieses ein besonderes, nämlich rechtliches, Verhältniß des Besitzers zu einem Gegenstande (wenn es auch eine Person wäre), als Sache. Besitz (physischer) aber ist die Bedingung der Möglichkeit der Handhabung, (manipulatio), eines Dinges als einer Sache; wenn dieses gleich, in einer anderen Beziehung, zugleich als Person behandelt werden muß.

Stern erster Größe wachsende, vorher nie gesehene, all-
mälig aber wieder verschwindende, vielleicht einmal wie-
derkehrende Erscheinung), oder bloß eine Sternschnup-
pe sey? das soll jetzt untersucht werden.

3.
Beyspiele.

Etwas Aeußeres als das Seine haben heißt es rechtlich besitzen; Besitz aber ist die Bedingung der Möglichkeit des Gebrauchs. Wenn diese Bedingung bloß als
die physische gedacht wird, so heißt der Besitz Inhabung. — Rechtmäßige Inhabung reicht nun zwar allein nicht zu, um deshalb den Gegenstand für das Meine auszugeben, oder es dazu zu machen; wenn ich aber,
es sey aus welchem Grunde es wolle, befugt bin auf
die Inhabung eines Gegenstandes zu dringen, der meiner
Gewalt entwischt oder entrissen ist, so ist dieser Rechtsbegrif ein Zeichen, (wie Wirkung von ihrer Ursache) daß
ich mich für befugt halte ihn als das Meine, mich
aber auch als im intelligibelen Besitz desselben befindlich gegen ihn zu verhalten und diesen Gegenstand so
zu gebrauchen.

Das Seine bedeutet zwar hier nicht das des Eigenthums an der Person eines anderen, (denn Eigenthümer
kann ein Mensch nicht einmal von sich selbst, viel weniger von einer anderen Person seyn), sondern nur das
Seine des Nießbrauchs (ius utendi fruendi), unmittelbar von dieser Person, gleich als von einer Sache,

doch

doch ohne Abbruch an ihrer Persönlichkeit, als Mittel zu meinem Zweck, Gebrauch zu machen.

Dieser Zweck aber, als Bedingung der Rechtmäßigkeit des Gebrauchs, muß moralisch nothwendig seyn. Der Mann kann weder das Weib begehren, um es gleich als Sache zu genießen, d. i. unmittelbares Vergnügen an der bloß thierischen Gemeinschaft mit demselben zu empfinden, noch das Weib sich ihm dazu hingeben, ohne daß beyde Theile ihre Persönlichkeit aufgeben (fleischliche oder viehische Beywohnung), d. i. ohne unter der Bedingung der Ehe, welche, als wechselseitige Dahingebung seiner Person selbst in den Besitz der anderen, vorher geschlossen werden muß: um durch körperlichen Gebrauch, den ein Theil vom anderen macht, sich nicht zu entmenschen.

Ohne diese Bedingung ist der fleischliche Genuß dem Grundsatz (wenn gleich nicht immer der Wirkung nach) cannibalisch. Ob, mit Maul und Zähnen, der weibliche Theil durch Schwängerung, und daraus vielleicht erfolgende, für ihn tödliche, Niederkunft, der männliche aber durch, von öfteren Ansprüchen des Weibes an das Geschlechtsvermögen des Mannes herrührende Erschöpfungen aufgezehrt wird, ist bloß in der Manier zu genießen unterschieden, und ein Theil ist in Ansehung des anderen, bey diesem wechselseitigen Gebrauche der Geschlechtsorganen, wirklich eine verbrauchbare Sache; (res fungibilis), zu welcher also sich vermittelst eines

Ver=

Vertrags zu machen, es ein gesetzwidriger Vertrag (pactum turpe) seyn würde.

Eben so kann der Mann mit dem Weibe kein Kind, als ihr beyderseitiges Machwerk (res artificialis), zeugen, ohne daß beyde Theile sich gegen dieses und gegen einander die Verbindlichkeit zuziehen es zu erhalten: welches doch auch die Erwerbung eines Menschen gleich als einer Sache, aber nur der Form nach (einem bloß auf dingliche Art persönlichem Rechte angemessen) ist. Die Eltern*) haben ein Recht gegen jeden Besitzer des Kindes, das aus ihrer Gewalt gebracht worden, (ius in re) und zugleich ein Recht, es zu allen Leistungen und aller Besolgung ihrer Befehle zu nöthigen, die einer möglichen gesetzlichen Freyheit nicht zuwider sind (ius ad rem): folglich auch ein persönliches Recht gegen dasselbe.

Endlich, wenn bey eintretender Volljährigkeit die Pflicht der Eltern zur Erhaltung ihrer Kinder aufhört, so haben jene noch das Recht, diese als ihren Befehlen unterworfene Hausgenossen zu Erhaltung des Hauswesens zu brauchen, bis zur Entlassung derselben; welches eine Pflicht der Eltern gegen diese ist, die aus der natürlichen Beschränkung des Rechts der ersteren folgt. Bis dahin sind

*) In deutscher Schreibart werden unter dem Wort Aelteren Seniores: unter den Eltern aber Parentes verstanden; welches im Sprachlaut nicht zu unterscheiden, dem Sinne nach aber sehr unterschieden ist.

sind sie zwar Hausgenossen und gehören zur Familie, aber von nun an gehören sie zur Dienerschaft (famulatus) in derselben, die folglich nicht anders als durch Vertrag zu dem Seinen des Hausherrn (als seine Domestiken) hinzu kommen können. — Eben so kann auch eine Dienerschaft ausser der Familie zu dem Seinen des Hausherrn nach einem auf dingliche Art persönlichen Rechte gemacht und als Gesinde (famulatus domesticus) durch Vertrag erworben werden. Ein solcher Vertrag ist nicht der einer bloßen Verdingung (locatio conductio operae) sondern der Hingebung seiner Person in den Besitz des Hausherrn Vermiethung (locatio conductio personae), welche darin von jener Verdingung unterschieden ist, daß das Gesinde sich zu allem Erlaubten versteht, was das Wohl des Hauswesens betrifft und ihm nicht, als bestellte und specifisch bestimmte Arbeit, aufgetragen wird: Anstatt daß der zur bestimmten Arbeit gedungene (Handwerker oder Tagelöhner) sich nicht zu dem Seinen des Anderen hingiebt und so auch kein Hausgenosse ist. — Des letzteren, weil er nicht im rechtlichen Besitz des Anderen ist, der ihn zu gewissen Leistungen verpflichtet, kann der Hausherr, wenn jener auch sein häuslicher Einwohner (inquilinus) wäre, sich nicht (via facti) als einer Sache bemächtigen, sondern muß nach dem persönlichen Recht, auf die Leistung des Versprochenen dringen, welche ihm durch Rechtsmittel (via iuris) zu Gebothe stehen. — — So viel zur Erläuterung und Vertheidigung eines befremdlichen, neu hinzukommenden, Rechtstitels in der natürlichen Gesetzlehre,

lehre, der doch, stillschweigend immer im Gebrauch gewesen ist.

4.

Ueber die Verwechselung des dinglichen mit dem persönlichen Rechte.

Ferner ist mir als Heterodorie im natürlichen Pri-
vatrechte auch der Satz: Kauf bricht Miethe (R.l.
§. 30. S. 129.) zur Rüge aufgestellet worden.

Daß jemand die Miethe seines Hauses vor Ablauf
der bedungenen Zeit der Einwohnung, dem Miether auf-
kündigen, und also gegen diesen, wie es scheint, sein Versprechen brechen könne, wenn er es nur zur gewöhnlichen
Zeit des Verziehens, in der dazu gewohnten bürgerlich-
gesetzlichen Frist, thut, scheint freylich beym ersten Anblick
allen Rechten aus einem Vertrage zu widerstreiten. —
Wenn aber bewiesen werden kann, daß der Miether, da
er seinen Miethscontract machte, wußte oder wissen mußte: daß das ihm gethane Versprechen des Vermiethers, als Eigenthümers, natürlicherweise (ohne daß es
im Contract ausdrücklich gesagt werden durfte), also stillschweigend, an die Bedingung geknüpft war: wofern
dieser sein Haus binnen dieser Zeit nicht verlaufen sollte (oder es bey einem, etwa über ihn eintretenden Concurs seinen Gläubigern überlassen müßte):
so hat dieser sein schon an sich der Vernunft nach beding-
tes Versprechen nicht gebrochen, und der Miether ist,

durch

durch die ihm vor der Miethszeit geschehene Auskündigung, an seinem Rechte nicht verkürzt worden.

Denn das Recht des letzteren aus dem Mietscon= tracte ist ein persönliches Recht, auf das, was eine gewisse Person der anderen zu leisten hat (ius ad rem); nicht gegen jeden Besitzer der Sache (ius in re), ein Dingliches.

Nun konnte der Miether sich wohl in seinem Mieths= contracte sichern und sich ein dingliches Recht am Hause verschaffen: er durfte nämlich diesen nur auf das Haus des Vermiethers, als am Grunde haftend, ein= schreiben (ingrossiren) lassen: alsdann konnte er durch keine Auskündigung des Eigenthümers, selbst nicht durch dessen Tod, (den natürlichen oder auch den bürgerlichen, den Bankrott) vor Ablauf der abgemachten Zeit aus der Miethe gesetzt werden. Wenn er es nicht that; weil er etwa frey seyn wollte, anderweitig eine Miethe auf bessere Bedingungen zu schließen, oder der Eigenthümer sein Haus nicht mit einem solchen onus belegt wissen wollte, so ist daraus zu schließen: daß ein jeder von beyden in Anse= hung der Zeit der Auskündigung (die bürgerlich bestimmte Frist zu derselben ausgenommen) einen stillschweigend=be= dingten Contract gemacht zu haben sich bewußt war, ihn ihrer Convenienz nach wieder aufzulösen. Die Bestätigung der Befugniß, durch den Kauf Miethe zu brechen, zeigt sich auch an gewissen rechtlichen Folgerungen aus einem solchen nackten Miethscontracte: Denn den Erben des Miethers,

wenn

wenn dieser verstorben ist, wird doch nicht die Verbind=
lichkeit zugemuthet, die Miethe fortzusetzen; weil diese nur
die Verbindlichkeit gegen eine gewisse Person ist, die mit
dieser ihrem Tode aufhört, (wobey doch die gesetzliche
Zeit der Aufkündigung immer mit in Anschlag gebracht
werden muß).   Eben so wenig kann auch das Recht des
Miethers, als eines solchen, auch auf seine Erben, ohne einen
besonderen Vertrag übergehen; so wie er auch beym Le=
ben beyder Theile, ohne ausdrückliche Uebereinkunft, kei=
nen Aftermiether zu setzen befugt ist.

5.

Zusatz zur Erörterung der Begriffe des Strafrechts.

Die bloße Idee einer Staatsverfassung unter Men=
schen führt schon den Begrif einer Strafgerechtigkeit bey
sich, welche der obersten Gewalt zusteht.   Es fragt sich
nur, ob die Strafarten dem Gesetzgeber gleichgültig sind,
wenn sie nur als Mittel dazu taugen, das Verbrechen
(als Verletzung der Staatssicherheit im Besitz des Sei=
nen eines jeden) zu entfernen, oder ob auch noch auf
Achtung für die Menschheit, in der Person des Missethä=
ters, (d. i. für die Gattung) Rücksicht genommen wer=
den müsse, und zwar aus bloßen Rechtsgründen, indem
ich das ius talionis, der Form nach, noch immer für
die einzige a priori bestimmende (nicht aus der Erfah=
rung, welche Heilmittel zu dieser Absicht die kräftigsten
wären, hergenommen) Idee als Princip des Strafrechts
hal=

halte.*) — Wie wird es aber mit den Strafen gehalten
werden, die keine Erwiederung zulassen; weil diese
entweder an sich unmöglich, oder selbst ein strafbares
Verbrechen an der Menschheit überhaupt seyn würden,
wie z.B. das der Nothzüchtigung: imgleichen das der
Päderastie, oder Bestialität. Die beyden ersteren durch
Castration (entweder wie eines weißen oder schwarzen Ver-
schnittenen im Serail) das letztere durch Ausstoßung aus
der bürgerlichen Gesellschaft auf immer, weil er sich selbst
der

---

*) In jeder Bestrafung liegt etwas das Ehrgefühl des Ange-
geklagten (mit Recht) Kränkendes; weil sie einen bloßen
einseitigen Zwang enthält und so an ihm die Würde eines Staatsbürgers, als eines solchen, in einem besonderen
Fall wenigstens suspendirt ist: Da er einer äußeren Pflicht
unterworfen wird, der er seiner seits keinen Widerstand
entgegen setzen darf. Der Vornehme und Reiche, der
auf den Beutel geklopft wird, fühlt mehr seine Erniedri-
gung sich unter den Willen des geringeren Mannes beu-
gen zu müssen, als den Geldverlust. Die Strafgerechtigkeit (iustitia punitiua), da nämlich das Argument
der Strafbarkeit moralisch ist (quia peccatum est),
muß hier von der Strafklugheit, da es bloß pragmatisch ist (ne peccetur) und sich auf Erfahrung von dem
gründet, was am stärksten wirkt, Verbrechen abzuhalten,
unterschieden werden, und hat in der Topik der Rechtsbegriffe einen ganz anderen Ort, locus iusti, nicht des
conducibilis, oder des Zuträglichen in gewisser Absicht
noch auch den des bloßen honesti, dessen Ort in der Ethik
aufgesucht werden muß.

der menschlichen unwürdig gemacht hat. — Per quod
quis peccat per idem punitur et idem. — Die ge=
dachten Verbrechen heißen darum unnatürlich, weil sie an
der Menschheit selbst ausgeübt werden. — Willkühr=
lich Strafen für sie zu verhängen ist dem Begriff einer
Straf=Gerechtigkeit buchstäblich zuwider. Nur dann
kann der Verbrecher nicht klagen, daß ihm unrecht ge=
schehe, wenn er seine Uebelthat sich selbst über den Hals
zieht, und ihm, wenn gleich nicht dem Buchstaben, doch
dem Geiste des Stafgesetzes gemäß, das widerfährt, was
er an anderen verbrochen hat.

6.

Vom Recht der Ersitzung.

»Das Recht der Ersitzung (Usucapio) soll,
nach S. 131 ff. durchs Naturrecht begründet werden.
Denn nähme man nicht an, daß durch den ehrlichen Be=
sitz eine ideale Erwerbung, wie sie hier genannt
wird, begründet werde, so wäre gar keine Erwerbung
peremtorisch gesichert« (Aber Hr. K. nimmt ja selbst im
Naturstande eine nur provisorische Erwerbung an, und
dringt deswegen auf die juristische Nothwendigkeit der bür=
gerlichen Verfassung.« — — Ich behaupte mich als
ehrlicher Besitzer aber nur gegen den, der nicht be=
weisen kann, daß er eher als ich ehrlicher Besitzer
derselben Sache war, und mit seinem Willen zu seyn
nicht aufgehört hat. «) — — Davon ist nun hier nicht
die Rede, sondern ob ich mich auch als Eigenthümer be=

haup=

haupten kann, wenn sich gleich ein Prätendent als frü-
herer wahrer Eigenthümer der Sache melden sollte, die
Erkundung aber seiner Existenz als Besitzers und seines
Besitzstandes als Eigenthümers schlechterdings unmöglich war; welches letztere alsdann zutrifft, wenn dieser
gar kein öffentlich gültiges Zeichen seines ununterbrochenen Besitzes (es sey aus eigener Schuld oder auch ohne
sie) z. B. durch Einschreibung in Matrikeln, oder un-
widersprochene Stimmgebung als Eigenthümer in bürgerlichen Versammlungen, von sich gegeben hat.

Denn die Frage ist hier: wer soll seine rechtmäßige
Erwerbung beweisen? Dem Besitzer kann diese Verbindlichkeit (onus probandi) nicht aufgebürdet werden;
denn er ist, so weit wie seine constatirte Geschichte reicht,
im Besitz derselben.   Der frühere angebliche Eigenthümer
der Sache ist durch eine Zwischenzeit, innerhalb deren er
keine bürgerlich gültige Zeichen seines Eigenthums gab,
von der Reihe der auf einander folgenden Besitzer nach
Rechtsprincipien ganz abgeschnitten.   Diese Unterlassung
irgend eines öffentlichen Besitzacts macht ihn zu einem un-
betitelten Prätendenten.   (Dagegen heißt es hier, wie bey
der Theologie, conseruatio est *continua* creatio).
Wenn sich auch ein bisher nicht manifestirter, obzwar
hinten nach mit aufgefundenen Documenten versehener
Prätendent vorfände, so würde doch wiederum auch bey
diesem der Zweifel vorwalten, ob nicht ein noch älterer
Prätendent dereinst auftreten, und seine Ansprüche auf den
früheren Besitz gründen könnte. — Auf die Länge der
Zeit

Zeit des Besitzes kommt es hiebey gar nicht an, um die
Sache endlich zu erſitzen (acquirere per uſucapio-
nem). Denn es iſt ungereimt, anzunehmen, daß ein
Unrecht dadurch, daß es lange gewährt hat, nach gerade
ein Recht werde. Der (noch ſo lange) Gebrauch
ſetzt das Recht in der Sache voraus: weit gefehlt, daß
dieſes ſich auf jenen gründen ſollte. Alſo iſt die Erſi-
tzung (uſucapio) als Erwerbung durch den langen
Gebrauch einer Sache ein ſich ſelbſt widerſprechender Begrif. Die Verjährung der Anſprüche als Erhal-
tungsart (conſeruatio poſſeſſionis meae per praeſcriptionem) iſt es nicht weniger: indeſſen doch ein von
dem vorigen unterſchiedener Begrif, was das Argument der
Zueignung betrifft. Es iſt nämlich ein negativer Grund,
d.i. der gänzliche Nichtgebrauch ſeines Rechts, ſelbſt
nicht einmal der, welcher nöthig iſt, um ſich als Beſitzer
zu manifeſtiren, für eine Verzichtthnung auf dieſelbe
(derelictio), welche ein rechtlicher Act, d.i. Gebrauch
ſeines Rechts gegen einen anderen iſt, um durch Ausſchlie-
ßung deſſelben vom Anſpruche (per praeſcriptionem)
das Object deſſelben zu erwerben, welches einen Wider-
ſpruch enthält.

Ich erwerbe alſo ohne Beweisführung und ohne allen
rechtlichen Act: Ich brauche nicht zu beweiſen, ſondern
durchs Geſetz (lege) und was dann? Die öffentliche
Befreyung von Anſprüchen, d. i. die geſetzliche Sicherheit meines Beſitzes, dadurch, daß ich nicht den
Beweis führen darf, und mich auf einen ununterbrochenen
Be-

Befiz gründe. Daß aber alle Erwerbung im Natur=
stande bloß proviforisch ist, das hat keinen Einfluß auf
die Frage von der Sicherheit des Befizes des Erwor=
benen, welche vor jener vorhergehen muß.

7.

Von der Beerbung.

Was das Recht der Beerbung anlangt, so hat den
Herrn Recensenten diesesmal sein Scharfblick, den Ner=
ven des Beweises meiner Behauptung zu treffen, verlaf=
sen. — Ich sage ja nicht S. 135: »daß ein jeder Mensch
nothwendigerweise jede ihm angebotene Sache, durch
deren Annehmung er nur gewinnen, nichts verlieren kann,
annehme« (denn solche Sachen giebt es gar nicht), sondern
daß ein jeder das Recht des Angebots in demselben
Augenblick unvermeidlich und stillschweigend, dabey aber
doch gültig, immer wirklich annehme: wenn es nämlich
die Natur der Sache so mit sich bringt, daß der Wider=
ruf schlechterdings unmöglich ist, nämlich im Augenblicke
seines Todes; denn da kann der Promittent nicht wider=
rufen, und der Promissar ist, ohne irgend einen rechtlichen
Act begehen zu dürfen, in demselben Augenblick Acceptant,
nicht der versprochenen Erbschaft, sondern des Rechts, sie
anzunehmen oder auszuschlagen. In diesem Augenblicke
sieht er sich bey Eröffnung des Testaments, daß er, schon
vor der Acceptation der Erbschaft, vermögender geworden
ist, als er war; denn er hat ausschließlich die Befug=
niß zu acceptiren erworben, welche schon ein Vermö=
gens=

gensumstand ist. — Daß hiebey ein bürgerlicher Zustand vorausgesetzt wird, um etwas zu dem Seinen eines Anderen zu machen, wenn man nicht mehr da ist, dieser Uebergang des Besitzthums aus der Todtenhand, ändert in Ansehung der Möglichkeit der Erwerbung nach allgemeinen Principien des Naturrechts nichts, wenn gleich der Anwendung derselben auf den vorkommenden Fall eine bürgerliche Verfassung zum Grunde gelegt werden muß. — Eine Sache nämlich, die ohne Bedingung anzunehmen oder auszuschlagen in meiner freyen Wahl gestellt wird, heißt res iacens. Wenn der Eigenthümer einer Sache mir etwas, z. B. ein Möbel des Hauses, aus dem ich auszuziehen eben im Begrif bin, umsonst anbiethet (verspricht, es soll mein seyn), so habe ich, so lange er nicht widerruft, (welches wenn er darüber stirbt, unmöglich ist) ausschließlich ein Recht zur Acceptation des Angebotenen (ius in re jacente), d. i. ich allein kann es annehmen oder ausschlagen, wie es mir beliebt: und dieses Recht ausschließlich zu wählen erlange ich nicht vermittelst eines besonderen rechtlichen Acts meiner Declaration, ich wolle, dieses Recht solle mir zustehen, sondern ohne denselben (lege). — Ich kann also zwar mich dahin erklären, ich wolle, die Sache solle mir nicht angehören (weil diese Annahme mir Verdrießlichkeiten mit Anderen zuziehen dürfte), aber ich kann nicht wollen, ausschließlich die Wahl zu haben, ob sie mir angehören solle oder nicht; denn dieses Recht (des Annehmens oder Ausschlagens) habe ich ohne alle Declaration meiner Annahme, unmittelbar durchs Angebot: denn wenn ich so gar die Wahl zu ha-

ben

ben ausschlagen könnte, so würde ich wählen nicht zu
wählen; welches ein Widerspruch ist. Dieses Recht zu
wählen geht nun im Augenblicke des Todes des Erb = Laf=
fers auf mich über, durch dessen Vermächtniß (inftitutio
haeredis) ich zwar noch nichts von der Haabe und
Gut des Erb = Laffers, aber doch den bloß = rechtli=
chen (intelligibelen) Besitz dieser Haabe oder eines Theils
derselben erwerbe: deren Annahme ich mich nun zum Vor=
theil Anderer begeben kann, mithin dieser Besitz keinen
Augenblick unterbrochen ist, sondern die Succeffion als
eine stetige Reihenfolge, vom Sterbenden zum eingesetz=
ten Erben durch seine Acceptation übergeht und so der
Satz: testamenta funt iuris naturae wider alle Zwei=
fel befestigt wird.

8.

Von den Rechten des Staats in Ansehung Ewiger Stiftun= gen für seine Unterthanen.

Stiftung (fanctio testamentaria beneficii per-
petui) ist die freywillige, durch den Staat bestätigte,
für gewisse auf einander folgende Glieder desselben, bis
zu ihrem gänzlichen Aussterben, errichtete wohlthätige An=
stalt. — Sie heißt ewig, wenn die Verordnung zu Er=
haltung derselben mit der Conftitution des Staats selbst
vereinigt ist (denn der Staat muß für ewig angesehen
werden); ihre Wohlthätigkeit aber ist entweder für das
Volk überhaupt oder für einen nach gewissen besonderen
Grundsätzen vereinigten Theil desselben, einen Stand oder

M   für

für eine Familie und die ewige Fortdauer ihrer Descendenten abgezweckt. Ein Beyspiel vom ersteren sind die Hospitäler, vom zweyten die Kirchen, vom dritten die Orden (geistliche und weltliche), vom vierten die Majorate.

Von diesen Corporationen und ihrem Rechte zu succediren sagt man nun, sie können nicht aufgehoben werden; weil es durch Vermächtniß zum Eigenthum des eingesetzten Erben geworden sey, und eine solche Verfassung (corpus mysticum) aufzuheben so viel heiße, als jemanden das Seine nehmen.

A.

Die wohlthätige Anstalt für Arme, Invalide und Kranke, welche auf dem Staatsvermögen fundirt worden, (in Stiften und Hospitälern) ist allerdings unablöslich. Wenn aber nicht der Buchstabe sondern der Sinn des Willens des Testators den Vorzug haben soll, so können sich wohl Zeitumstände ereignen, welche die Aufhebung einer solchen Stiftung wenigstens ihrer Form nach anräthig machen. — So hat man gefunden: daß der Arme und Kranke (den vom Narrenhospital ausgenommen) besser und wohlfeiler versorgt werde, wenn ihm die Beyhülfe in einer gewissen (dem Bedürfnisse der Zeit proportionirten) Geldsumme, wofür er sich, wo er will, bey seinen Verwandten oder sonst Bekannten, einmiethen kann, gereicht wird, als wenn — wie im Hospital von Grenwich — prächtige und dennoch die Freyheit sehr beschränkende, mit einem kostbaren Personale versehenen Anstalten, dazu getroffen werden.

den. — Da kann man nun nicht sagen, der Staat neh=
me dem zum Genuß dieser Stiftung berechtigten Volke
das Seine, sondern er befördert es vielmehr, indem er
weisere Mittel zur Erhaltung desselben wählt.

B.

Die Geistlichkeit, welche sich fleischlich nicht fortpflanzt,
(die katholische,) besitzt mit Begünstigung des Staats, Län=
dereyen und daran haftende Unterthanen, die einem geistli=
chen Staate (Kirche genannt) angehören, welchem die Welt=
liche durch Vermächtniß zum Heil ihrer Seelen sich als ihr
Eigenthum hingegeben haben, und so hat der Clerus als
ein besonderer Stand einen Besitzthum, der sich von einem
Zeitalter zum anderen gesetzmäßig vererben läßt und durch
päpstliche Bullen hinreichend documentirt ist. — Kann
man nun wohl annehmen, daß dieses Verhältniß derselben
zu den Layen durch die Machtvollkommenheit des weltli=
chen Staats, geradezu den ersteren könne genommen wer=
den, und würde das nicht so viel seyn, als jemanden mit
Gewalt das Seine nehmen; wie es doch von Ungläubigen
der französischen Republik versucht wird.

Die Frage ist hier: ob die Kirche dem Staat oder der
Staat der Kirche als das Seine angehören könne; denn zwey
oberste Gewalten können einander ohne Widerspruch nicht
untergeordnet seyn. — Daß nur die erstere Verfas=
sung (politico-hierarchica) Bestand an sich haben
könne, ist an sich klar: denn alle bürgerliche Verfassung ist
von dieser Welt, weil sie eine irdische Gewalt (der Men=

schen)

schen) ist, die sich sammt ihren Folgen in der Erfahrung documentiren läßt. Die Gläubigen, deren Reich im Himmel und in jener Welt ist, müssen, in so fern man ihnen eine sich auf dieses beziehende Verfassung (hierarchico-politica) zugesteht, sich den Leiden dieser Zeit unter der Obergewalt der Weltmenschen unterwerfen. — Also findet nur die erstere Verfassung statt.

Religion (in der Erscheinung), als Glaube an die Satzungen der Kirche und die Macht der Priester, als Aristocraten einer solchen Verfassung, oder auch, wenn diese monarchisch (päpstlich) ist, kann von keiner staatsbürgerlichen Gewalt dem Volke weder aufgedrungen, noch genommen werden, noch auch (wie es wohl in Großbritanien mit der Irländischen Nation gehalten wird) der Staatsbürger wegen einer von des Hofes seiner unterschiedenen Religion, von den Staatsdiensten und den Vortheilen, die ihm dadurch erwachsen, ausgeschlossen werden.

Wenn nun gewisse andächtige und gläubige Seelen, um der Gnade theilhaftig zu werden, welche die Kirche den Gläubigen auch nach dieser ihrem Tode zu erzeigen verspricht, eine Stiftung auf ewige Zeiten errichten, durch welche gewisse Ländereyen derselben nach ihrem Tode ein Eigenthum der Kirche werden sollen, und der Staat an diesem oder jenem Theil, oder gar ganz, sich der Kirche lehnspflichtig macht, um durch Gebete, Ablässe und Büssungen, durch welche die dazu bestellten Diener derselben (die Geistlichen) das Loos in der anderen Welt ihnen

vor-

vortheilhaft zu machen verheißen: so ist eine solche vermeintlich auf ewige Zeiten gemachte Stiftung keineswegs
auf ewig begründet, sondern der Staat kann diese Last,
die ihm von der Kirche aufgelegt worden, abwerfen, wenn
er will. — Denn die Kirche selbst ist als ein bloß auf
Glauben errichtetes Institut, und, wenn die Täuschung
aus dieser Meinung durch Volksaufklärung verschwunden
ist, so fällt auch die darauf gegründete furchtbare Gewalt
des Clerus weg, und der Staat bemächtigt sich mit vol-
lem Rechte des angemaßten Eigenthums der Kirche: nämlich des durch Vermächtnisse an sie verschenkten Bodens;
wiewohl die Lehnsträger des bis dahin bestandenen Insti-
tuts für ihre Lebenszeit schadenfrey gehalten zu werden,
aus ihrem Rechte fordern können.

Selbst Stiftungen zu ewigen Zeiten für Arme, oder
Schulanstalten, sobald sie einen gewissen, von dem Stifter
nach seiner Idee bestimmten entworfenen Zuschnitt haben,
können nicht auf ewige Zeiten fundirt und der Boden damit belästigt werden; sondern der Staat muß die Freyheit
haben, sie nach dem Bedürfnisse der Zeit einzurichten. —
Daß es schwerer hält, diese Idee allerwärts auszuführen
(z. B. die Pauperbursche die Unzulänglichkeit des wohlthätig errichteten Schulfonds durch bettelhaftes Singen er-
gänzen zu müssen), darf niemanden wundern; denn der,
welcher gutmüthiger- aber doch zugleich etwas ehrbegieri-
gerweise eine Stiftung macht, will, daß sie nicht ein anderer nach seinen Begriffen unändere, sondern Er darin
unsterblich sey. Das ändert aber nicht die Beschaffenheit
der

der Sache selbst und das Recht des Staats, ja die Pflicht
desselben zum Umändern, einer jeden Stiftung, wenn sie
der Erhaltung und dem Fortschreiten desselben zum Bes=
seren entgegen ist, kann daher niemals als auf ewig be=
gründet betrachtet werden.

C.

Der Adel eines Landes, das selbst nicht unter einer
aristocratischen, sondern monarchischen Verfassung steht,
mag immer ein, für ein gewisses Zeitalter erlaubtes, und
den Umständen nach nothwendiges Institut seyn; aber daß
dieser Stand auf ewig könne begründet werden, und ein
Staatsoberhaupt nicht solle die Befugniß haben, diesen
Standesvorzug gänzlich aufzuheben, oder, wenn er es
thut, man sagen könne, er nehme seinem (adlichen) Un=
terthan das Seine, was ihm erblich zukommt, kann kei=
neswegs behauptet werden. Er ist eine temporäre, vom
Staat autorisirte, Zunftgenossenschaft, die sich nach den
Zeitumständen bequemen muß, und dem allgemeinen Men=
schenrechte, das so lange suspendirt war, nicht Abbruch thun
darf. — Denn der Rang des Edelmanns im Staate ist
von der Constitution selber nicht allein abhängig, sondern
ist nur ein Accidenz derselben, was nur durch Inhärenz
in demselben existiren kann (ein Edelmann kann ja als
ein solcher, nur im Staate, nicht im Stande der Natur
gedacht werden). Wenn also der Staat seine Constitution
abändert, so kann der, welcher hiemit jenen Titel und Vor=
rang einbüßt, nicht sagen, es sey ihm das Seine genom=
men;

men; weil er es nur unter der Bedingung der Fortdauer dieser Staatsform das Seine nennen konnte: der Staat aber diese abzuändern (z. B. in den Republikanism umzuformen) das Recht hat. — Die Orden, und der Vorzug, gewisse Zeichen desselben zu tragen, geben also kein ewiges Recht dieses Besitzes.

D.

Was endlich die Majoratsstiftung betrifft, da ein Gutsbesitzer durch Erbeseinsetzung verordnet: daß in der Reihe der auf einander folgenden Erben immer der nächste von der Familie der Gutsherr seyn solle, (nach der Analogie mit einer monarchisch = erblichen Verfassung eines Staats, wo der Landesherr es ist), so kann eine solche Stiftung nicht allein mit Beystimmung aller Agnaten jederzeit aufgehoben werden und darf nicht auf ewige Zeiten — gleich als ob das Erbrecht am Boden haftete, — immerwährend fortdauern, noch gesagt werden, es sey eine Verletzung der Stiftung und des Willens des Uranherrn derselben, des Stifters, sie eingehen zu lassen: sondern der Staat hat auch hier ein Recht, ja sogar die Pflicht, bey den allmählig eintretenden Ursachen seiner eigenen Reform ein solches föderatives System seiner Unterthanen, gleich als Unterkönige, (nach der Analogie von Dynasten und Satrapen) wenn es erloschen ist, nicht weiter aufkommen zu lassen.

Be=

Beschluß.

Zuletzt hat der Herr Recensent von den unter der Rubrik, **öffentliches Recht,** aufgeführten Ideen »von denen, wie er sagt, der Raum nicht erlaube, sich darüber zu äußern,« noch folgendes angemerkt. »Unseres Wissens hat noch kein Philosoph den paradoxesten aller paradoxen Sätze anerkannt, den Satz: daß die bloße Idee der Oberherrschaft mich nöthigen soll, jeden, der sich zu meinem Herrn aufwirft, als meinem Herrn zu gehorchen, ohne zu fragen, wer ihm das Recht gegeben, mir zu befehlen? Daß man Oberherrschaft und Oberhaupt anerkennen und man Diesen oder Jenen, dessen Daseyn nicht einmal a priori gegeben ist, a priori für seinen Herren halten soll, das soll einerley seyn?« — Nun, hiebey die **Paradoxie** eingeräumt, hoffe ich es solle, näher betrachtet, doch wenigstens der **Heterodoxie** nicht überwiesen werden können; vielmehr solle es dem einsichtsvollen und mit Bescheidenheit tadelnden, gründlichen Recensenten (der, jenes genommenen Anstoßes ungeachtet, »diese metaph. A. G. der Rechtslehre im Ganzen als Gewinn für die Wissenschaft ansieht«) nicht gereuen, sie, wenigstens als einen der zweyten Prüfung nicht unwürdigen Versuch, gegen Anderer trotzige und seichte Absprechungen in Schutz genommen zu haben.

Daß dem, welcher sich im Besitz der zu oberst, gebietenden und gesetzgebenden Gewalt über ein Volk befindet, müsse gehorcht werden und zwar so juridisch = unbedingt,

dingt, daß auch nur nach dem Titel dieser seiner Erwerbung öffentlich zu forschen, also ihn zu bezweifeln, um
sich, bey etwaniger Ermangelung desselben, ihm zu widersetzen, schon strafbar: daß es ein cathegorischer Imperativ sey: Gehorchet der Obrigkeit (in allem,
was nicht dem inneren Moralischen widerstreitet), die
Gewalt über euch hat, ist der anstößige Satz, der
in Abrede gezogen wird. — Nicht allein aber dieses
Princip, welches ein Factum (die Bemächtigung), als
Bedingung dem Rechte zum Grunde legt, sondern daß
selbst die bloße Idee der Oberherrschaft über ein
Volk mich, der ich zu ihm gehöre, nöthige, ohne vorhergehende Forschung, dem angemaßten Rechte zu gehorchen, (M. L. §. 44.) das scheint die Vernunft des Rec.
zu empören.

Ein jedes Factum (Thatsache) ist Gegenstand in der
Erscheinung (der Sinne); dagegen das, was nur
durch reine Vernunft vorgestellt werden kann, was zu
den Ideen gezählt werden muß, denen adäquat kein Gegenstand in der Erfahrung gegeben werden kann, dergleichen eine vollkommene rechtliche Verfassung unter
Menschen ist, das ist das Ding an sich selbst.

Wenn dann nun ein Volk, durch Gesetze unter einer
Obrigkeit vereinigt, da ist, so ist der Idee der Einheit
desselben überhaupt unter einem machthabenden obersten Willen, gemäß, als Gegenstand der Erfahrung gegeben; aber freylich nur in der Erscheinung; d. i. eine
recht-

rechtliche Verfassung, im allgemeinen Sinne des Worts, ist da; und, obgleich sie mit großen Mängeln und groben Fehlern behaftet seyn und nach und nach wichtiger Verbesserungen bedürfen mag, so ist es doch schlechterdings unerlaubt und sträflich, ihr zu widerstehen; weil, wenn das Volk dieser, obgleich noch fehlerhaften Verfassung und der obersten Autorität Gewalt entgegen setzen zu dürfen, sich berechtigt hielte, es sich dünken würde, ein Recht zu haben: Gewalt an die Stelle der alle Rechte zu oberst vorschreibenden Gesetzgebung zu setzen; welches einen sich selbst zerstöhrenden obersten Willen abgeben würde.

Die Idee einer Staatsverfassung überhaupt, welche zugleich absolutes Gebot der nach Rechtsbegriffen urtheilenden practischen Vernunft für ein jedes Volk ist, ist heilig und unwiderstehlich; und, wenn gleich die Organisation des Staats durch sich selbst fehlerhaft wäre, so kann doch keine subalterne Gewalt in demselben dem gesetzgebenden Oberhaupte desselben thätlichen Widerstand entgegensetzen, sondern die ihm anhängenden Gebrechen müssen durch Reformen, die er an sich selbst verrichtet, allmählig gehoben werden; weil sonst bey einer entgegengesetzten Maxime des Unterthans (nach eigenmächtiger Willkühr zu verfahren) eine gute Verfassung selbst nur durch blinden Zufall zu Stande kommen kann. — Das Gebot: »Gehorchet der Obrigkeit, die Gewalt über euch hat« grübelt nicht nach, wie sie zu dieser Gewalt gekommen sey (um sie allenfalls zu untergraben); denn die, welche schon da ist, unter welcher ihr lebt, ist schon im

Be=

Befiß der Gefeßgebung, über die ihr zwar öffentlich ver=
nünfteln, euch aber felbft nicht zu widerſtrebenden Geſeß=
gebern aufwerfen könnt.

Unbedingte Unterwerfung des Volkswillens (der an
ſich unvereinigt, mithin geſeßlos iſt) unter einem Sou=
veränen (alle durch Ein Geſeß vereinigenden) Willen,
iſt That, die nur durch Bemächtigung der oberſten Ge=
walt anheben kann, und ſo zuerſt ein öffentliches Recht
begründet. — Gegen dieſe Machtvollkommenheit noch
einen Widerſtand zu erlauben (der jene oberſte Gewalt
einſchränkte), heißt ſich ſelbſt widerſprechen; denn als=
dann wäre jene (welcher widerſtanden werden darf) nicht
die geſeßliche oberſte Gewalt, die zuerſt beſtimmt, was
öffentlich recht ſeyn ſoll oder nicht — und dieſes Princip
liegt ſchon a priori in der Idee einer Staatsverfaſſung
überhaupt, d. i. in einem Begriffe der practiſchen Ver=
nunft; dem zwar adäquat kein Beiſpiel in der Erfah=
rung untergelegt werden kann, dem aber auch, als Norm
keine widerſprechen muß.

Der

Der
Rechtslehre
Zweyter Theil.

Das öffentliche Recht.

Des

öffentlichen Rechts
Erster Abschnitt.

Das Staatsrecht.

§. 43.

Der Inbegrif der Gesetze, die einer allgemeinen Be=
kanntmachung bedürfen, um einen rechtlichen Zustand
hervorzubringen, ist das öffentliche Recht. — Die=
ses ist also ein System von Gesetzen für ein Volk, d. i.
eine Menge von Menschen, oder für eine Menge von Völ=
kern, die, im wechselseitigen Einflusse gegen einander ste=
hend, des rechtlichen Zustandes unter einem sie vereini=
genden Willen, einer Verfassung (constitutio) bedür=
fen, um dessen, was Rechtens ist, theilhaftig zu wer=
den. — Dieser Zustand der Einzelnen im Volke in Ver=
hältniß unter einander, heißt der bürgerliche (status
civilis), und das Ganze derselben, in Beziehung auf
seine eigene Glieder, der Staat (civitas), welcher,

seiner

seiner Form wegen, als verbunden durch das gemeinsame
Interesse Aller, im rechtlichen Zustande zu seyn, das
gemeine Wesen (res publica latius sic dicta) genannt wird, in Verhältniß aber auf andere Völker eine
Macht (potentia) schlechthin heißt, (daher das Wort
Potentaten), was sich auch wegen (anmaßlich) angeerbter Vereinigung ein Stammvolk (gens) nennt, und
so, unter dem allgemeinen Begriffe des öffentlichen Rechts
nicht bloß das Staats- sondern auch ein Völkerrecht
(ius gentium) zu denken Anlaß giebt: welches dann,
weil der Erdboden eine nicht gränzenlose, sondern sich selbst
schließende Fläche ist, beydes zusammen zu der Idee eines
Völkerstaatsrechts (ius gentium) oder des Welt-
bürgerrechts (ius cosmopoliticum) unumgänglich hin-
leitet: so, daß, wenn unter diesen drey möglichen Formen
des rechtlichen Zustandes, es nur einer an dem die äußere
Freyheit durch Gesetze einschränkenden Princip fehlt, das
Gebäude aller übrigen durch Gesetze unvermeidlich untergraben werden, und endlich einstürzen muß.

§. 35.

Es ist nicht etwa die Erfahrung, durch die wir von
der Maxime der Gewaltthätigkeit der Menschen belehrt
werden, und ihrer Bösartigkeit, sich, ehe eine äußere
machthabende Gesetzgebung erscheint, einander zu befehden,
also nicht etwa ein Factum, welches den öffentlich gesetzlichen Zwang nothwendig macht, sondern, sie mögen auch
so gutartig und rechtliebend gedacht werden, wie man will,
so liegt es doch a priori in der Vernunftidee eines solchen
(nicht-

nicht = rechtlichen) Zuſtandes, daß, bevor ein öffentlich
geſetzlicher Zuſtand errichtet worden, vereinzelte Men=
ſchen, Völker und Staaten, niemals vor Gewaltthätigkeit
gegen einander ſicher ſeyn können, und zwar aus jedes ſei=
nem eigenen Rechte zu thun, was ihm recht und gut
dünkt, und hierin von der Meinung des Anderen nicht
abzuhängen; mithin das Erſte, was ihm zu beſchließen
obliegt, wenn er nicht allen Rechtsbegriffen entſagen will,
der Grundſatz ſey: man müſſe aus dem Naturzuſtande,
in welchem jeder ſeinem eigenen Kopfe folgt, herausgehen,
und ſich mit allen anderen (mit denen in Wechſelwirkung
zu gerathen er nicht vermeiden kann) dahin vereinigen,
ſich einem öffentlich geſetzlichen äußeren Zwange zu un=
terwerfen, alſo in einen Zuſtand treten, darin jedem das,
was für das Seine anerkannt werden ſoll, geſetzlich
beſtimmt, und durch hinreichende Macht (die nicht die
ſeinige, ſondern eine äußere iſt) zu Theil wird, d. i. er
ſolle vor allen Dingen in einen bürgerlichen Zuſtand
treten.

Zwar durfte ſein natürlicher Zuſtand nicht eben darum
ein Zuſtand der Ungerechtigkeit (iniuſtus) ſeyn,
einander nur nach dem bloßen Maaße ſeiner Gewalt zu
begegnen; aber es war doch ein Zuſtand der Rechtloſig=
keit (ſtatus iuſtitia vacuus), wo, wenn das Recht
ſtreitig (ius controuerſum) war, ſich kein competen=
ter Richter fand, rechtskräftig den Ausſpruch zu thun,
aus welchem nun in einen rechtlichen zu treten, ein jeder
den Anderen mit Gewalt antreiben darf; weil, obgleich

nach

nach jedes seinen Rechtsbegriffen etwas Aeußeres durch Bemächtigung oder Vertrag erworben werden kann, diese Erwerbung doch nur proviforisch ist, so lange sie noch nicht die Sanction eines öffentlichen Gesetzes für sich hat, weil sie durch keine öffentliche (distributive) Gerechtigkeit bestimmt, und durch keine, dies Recht ausübende Gewalt gesichert ist.

Wollte man vor Eintretung in den bürgerlichen Zustand gar keine Erwerbung, auch nicht einmal provisorisch, für rechtlich erkennen, so würde jener selbst unmöglich seyn. Denn, der Form nach, enthalten die Gesetze über das Mein und Dein im Naturzustande ebendasselbe, was die im bürgerlichen vorschreiben, so fern dieser bloß nach reinen Vernunftbegriffen gedacht wird: nur daß im letzteren die Bedingungen angegeben werden, unter denen jene zur Ausübung (der distributiven Gerechtigkeit gemäß) gelangen. — Es würde also, wenn es im Naturzustande auch nicht provisorisch ein äußeres Mein und Dein gäbe, auch keine Rechtspflichten in Ansehung desselben, mithin auch kein Gebot geben, aus jenem Zustande herauszugehen.

§. 45.

Ein Staat (ciuitas) ist die Vereinigung einer Menge von Menschen unter Rechtsgesetzen. So fern diese als Gesetze a priori nothwendig, d. i. aus Begriffen des äußeren Rechts überhaupt von selbst folgend

(nicht

(nicht ſtatutariſch) ſind, iſt ſeine Form, die Form eines
Staats überhaupt, d. i. der Staat in der Idee, wie
er nach reinen Rechtsprincipien ſeyn ſoll, welche jeder wirklichen Vereinigung zu einem gemeinen Weſen (alſo im
Inneren) zur Richtſchnur (norma) dient.

Ein jeder Staat enthält drey Gewalten in ſich,
d. i. den allgemein vereinigten Willen in dreyfacher Perſon (trias politica): die Herrſchergewalt (Souve-
rainität), in der des Geſetzgebers, die vollziehende
Gewalt, in der des Regierers (zu Folge dem Geſetz)
und die rechtſprechende Gewalt, (als Zuerkennung
des Seinen eines jeden nach dem Geſetz) in der Perſon
des Richters (poteſtas legislatoria, rectoria et iudiciaria) gleich den drey Sätzen in einem practiſchen Ver-
nunftſchluſſe, dem Oberſatz, der das Geſetz eines Willens, dem Unterſatze, der das Gebot des Verfahrens
nach dem Geſetz, d. i. das Princip der Subſumtion unter
denſelben, und dem Schlußſatze, der den Rechtsſpruch (die
Sentenz) enthält, was im vorkommenden Falle Rechtens iſt.

§. 30.

Die geſetzgebende Gewalt kann nur dem vereinigten
Willen des Volkes zukommen. Denn, da von ihr alles
Recht ausgehen ſoll, ſo muß ſie durch ihr Geſetz ſchlechterdings niemand Unrecht thun können. Nun iſt es,
wenn jemand etwas gegen einen Anderen verfügt, im-

mer

mer möglich, daß er ihm dadurch unrecht thue, nie aber in dem, was er über sich selbst beschließt (denn volenti non fit iniuria). Also kann nur der übereinstimmende und vereinigte Wille Aller, so fern ein jeder über Alle und Alle über einen jeden ebendasselbe beschließen, mithin nur der allgemein vereinigte Volkswille gesetzgebend seyn.

Die zur Gesetzgebung vereinigten Glieder einer solchen Gesellschaft (societas civilis) d. i. eines Staats, heißen Staatsbürger (cives), und die rechtlichen, von ihrem Wesen (als solchem) unabtrennlichen Attribute derselben, sind gesetzliche Freyheit, keinem anderen Gesetz zu gehorchen, als zu welchem er seine Beystimmung gegeben hat — bürgerliche Gleichheit, keinen Oberen im Volk, in Ansehung seiner zu erkennen, als einen solchen, den er eben so rechtlich zu verbinden das moralische Vermögen hat, als dieser ihn verbinden kann: drittens das Attribut der bürgerlichen Selbstständigkeit, seine Existenz und Erhaltung nicht der Willkühr eines Anderen im Volke, sondern seinen eigenen Rechten und Kräften als Glied des gemeinen Wesens verdanken zu können, folglich die bürgerliche Persönlichkeit in Rechtsangelegenheiten durch keinen Anderen vorgestellt werden zu dürfen.

Nur die Fähigkeit der Stimmgebung macht die Qualification zum Staatsbürger aus; jene aber setzt die Selbstständigkeit dessen im Volke voraus, der nicht bloß Theil des gemeinen Wesens, sondern auch Glied desselben, d. i. aus eigener Willkühr in Gemeinschaft mit anderen handelnder Theil desselben seyn will.

Die

Die letztere Qualität macht aber die Unterscheidung des active n vom passive n Staatsbürger nothwendig: obgleich der Begriff des letzteren mit der Erklärung des Begrifs von einem Staatsbürger überhaupt im Widerspruch zu stehen scheint. — Folgende Beyspiele können dazu dienen, diese Schwierigkeit zu heben: Der Geselle bey einem Kaufmann, oder bei einem Handwerker: der Dienstbote (nicht der im Dienste des Staats steht): der Unmündige (naturaliter vel ciuiliter): alles Frauenzimmer, und überhaupt jedermann, der nicht nach eigenem Betriebe, sondern nach der Verfügung Anderer (außer der des Staats), genöthigt ist, seine Existenz (Nahrung und Schutz) zu erhalten, entbehrt der bürgerlichen Persönlichkeit, und seine Existenz ist gleichsam nur Inhärenz. — Der Holzhacker, den ich auf meinem Hofe anstelle, der Schmidt in Indien, der mit seinem Hammer, Ambos und Blasbalg in die Häuser geht, um da in Eisen zu arbeiten, in Vergleichung mit dem europäischen Tischler oder Schmidt, der die Producte aus dieser Arbeit als Waare öffentlich feil stellen kann; der Hauslehrer, in Vergleichung mit dem Schulmanne, der Zinsbauer, in Vergleichung mit dem Pächter u. dergl., sind bloß Handlanger des gemeinen Wesens, weil sie von anderen Individuen befehligt oder beschützt werden müssen, mithin keine bürgerliche Selbstständigkeit besitzen.

Diese Abhängigkeit von dem Willen Anderer und Ungleichheit, ist gleichwohl keinesweges der Freyheit und Gleichheit derselben als Menschen, die zusammen ein Volk ausmachen, entgegen: vielmehr kann

bloß

bloß den Bedingungen derselben gemäß, dieses Volk
ein Staat werden, und in eine bürgerliche Verfassung
eintreten. In dieser Verfassung aber das Recht der
Stimmgebung zu haben, d. i. Staatsbürger, nicht
bloß Staatsgenosse zu seyn, dazu qualificiren sich
nicht alle mit gleichem Rechte. Denn daraus, daß
sie fordern können, von allen Andern nach Gesetzen
der natürlichen Freyheit und Gleichheit als p a f f i v e
Theile des Staats behandelt zu werden, folgt nicht
das Recht, auch als active Glieder den Staat selbst zu
behandeln, zu organisiren oder zu Einführung gewisser
Gesetze mitzuwirken: sondern nur das, welcherley Art
die positiven Gesetze, wozu sie stimmen, auch seyn möchten, sie doch den natürlichen der Freyheit und der dieser
angemessenen Gleichheit Aller, im Volke, sich nämlich
aus diesem passiven Zustande zu dem activen empor arbeiten zu können, nicht zuwider seyn müssen.

§. 47.

Alle jene drey Gewalten im Staate sind Würden,
und als wesentliche aus der Idee eines Staats überhaupt
zur Gründung desselben (Constitution) nothwendig hervorgehend, Staatswürden. Sie enthalten das Verhältniß eines allgemeinen Oberhaupts (der, nach Freyheitsgesetzen betrachtet, kein Anderer als das vereinigte
Volk selbst seyn kann) zu der vereinzelten Menge eben
desselben als Unterthans, d. i. des Gebietenden
(imperans) gegen den Gehorsamenden (subditus).
— Der Act, wodurch sich das Volk selbst zu einem Staat
constituirt, eigentlich aber nur die Idee desselben, nach

der

der die Rechtmäßigkeit deſſelben allein gedacht werden kann,
iſt der urſprüngliche Contract, nach welchem alle
(omnes et ſinguli) im Volk ihre äußere Freyheit auf=
geben, um ſie als Glieder eines gemeinen Weſens, d. i.
des Volks als Staat betrachtet (vniuerſi) ſofort wieder
aufzunehmen, und man kann nicht ſagen: der Staat, der
Menſch im Staate habe einen Theil ſeiner angebohrnen
äußeren Freyheit einem Zwecke aufgeopfert, ſondern er hat
die wilde geſetzloſe Freyheit gänzlich verlaſſen, um ſeine
Freyheit überhaupt in einer geſetzlichen Abhängigkeit, d. i.
in einem rechtlichen Zuſtande unvermindert wieder zu fin=
den; weil dieſe Abhängigkeit aus ſeinem eigenen geſetzge=
benden Willen entſpringt.

§. 48.

Die drey Gewalten im Staate ſind alſo erſtlich
einander, als ſo viel moraliſche Perſonen, beygeordnet
(poteſtates coordinatae), d. i. die eine iſt das Ergän=
zungsſtück der Anderen zur Vollſtändigkeit (complemen-
tum ad ſufficientiam) der Staatsverfaſſung; aber,
zweytens, auch einander untergeordnet (ſubordi-
natae), ſo, daß eine nicht zugleich die Function der
anderen, der ſie zur Hand geht, uſurpiren kann, ſondern
ihr eigenes Princip hat, d. i. zwar in der Qualität einer
beſonderen Perſon, aber doch unter der Bedingung des
Willens einer oberen gebietet; drittens, durch Vereinigung
beyder jedem Unterthane ſein Recht ertheilend ſeyn.

Von

Von diesen Gewalten in ihrer Würde betrachtet, wird es heißen: der Wille des Gesetzgebers (legislatoris) in Ansehung dessen, was das äußere Mein und Dein betrift, ist untadelich (irreprehensibel), das Ausführungs=Vermögen des Oberbefehlshabers (summi rectoris) unwiderstehlich (irresistibel) und der Rechtsspruch des obersten Richters (supremi iudicis) unabänderlich (inappellabel).

§. 49.

Der Regent des Staats (rex, princeps) ist diejenige (moralische oder physische) Person, welcher die ausübende Gewalt (potestas executoria) zukommt: der Agent des Staats, der die Magisträte einsetzt, dem Volke die Regeln vorschreibt, nach denen ein jeder in demselben dem Gesetze gemäß (durch Subsumtion eines Falles unter demselben), etwas erwerben, oder das Seine erhalten kann. Als moralische Person betrachtet, heißt er das Directorium, die Regierung. Seine Befehle an das Volk und die Magisträte, und ihre Obere (Minister), welchen die Staatsverwaltung (gubernatio) obliegt, sind Verordnungen, Decrete (nicht Gesetze); denn sie gehen auf Entscheidung in einem besonderen Fall, und werden als abänderlich gegeben. Eine Regierung, die zugleich gesetzgebend wäre, würde despotisch zu nennen seyn, im Gegensatz mit der patriotischen, unter welcher aber nicht eine väterliche (regimen paternale), als die am meisten despotische unter allen (Bürger als Kinder zu behandeln), sondern väter-

län=

ländiſche (regimen civitatis et patriae) verſtan=
ben wird, wo der Staat ſelbſt (civitas) ſeine Untertha=
nen zwar gleichſam als Glieder einer Familie, doch zu=
gleich als Staatsbürger, d. i. nach Geſetzen ihrer eigenen
Selbſtſtändigkeit behandelt, jeder ſich ſelbſt beſitzt, und
nicht vom abſoluten Willen eines Anderen neben oder über
ihm abhängt.

Der Beherrſcher des Volks, (der Geſetzgeber) kann
alſo nicht zugleich der Regent ſeyn, denn dieſer ſteht
unter dem Geſetz, und wird durch daſſelbe, folglich von ei=
nem Anderen, dem Souverän, verpflichtet. Jener kann
dieſem auch ſeine Gewalt nehmen, ihn abſetzen, oder ſei=
ne Verwaltung reformiren, aber ihn nicht ſtrafen; (und
das bedeutet allein der in England gebräuchliche Ausdruck:
der König, d. i. die oberſte ausübende Gewalt, kann nicht
unrecht thun) denn das wäre wiederum ein Act der aus=
übenden Gewalt, der zu oberſt das Vermögen dem Geſetze
gemäß zu zwingen zuſteht, die aber doch ſelbſt einem
Zwange unterworfen wäre; welches ſich widerſpricht.

Endlich kann, weder der Staatsherrſcher noch der
Regierer, richten, ſondern nur Richter, als Magiſträte
einſetzen. Das Volk richtet ſich ſelbſt durch diejenigen ih=
rer Mitbürger, welche durch freye Wahl, als Repräſen=
tanten deſſelben, und zwar für jeden Act beſonders, da=
zu ernannt werden. Denn der Rechtsſpruch, (die Sen=
tenz) iſt ein einzelner Act der öffentlichen Gerechtigkeit
(iuſtitiae diſtributiuae) durch einen Staatsverwalter

(Rich=

(Richter oder Gerichtshof) auf den Unterthan, d. i. einen, der zum Volke gehört, mithin mit keiner Gewalt bekleidet ist, ihm das Seine zuzuerkennen (zu ertheilen). Da nun ein jeder im Volke diesem Verhältnisse nach (zur Obrigkeit) bloß passiv ist, so würde eine jede jener beyden Gewalten in dem, was sie über den Unterthan, im streitigen Falle des Seinen eines jeden, beschließen, ihm unrecht thun können; weil es nicht das Volk selbst thäte, und, ob schuldig oder nichtschuldig, über seine Mitbürger aussprache; auf welche Ausmittelung der That in der Klagsache nun der Gerichtshof das Gesetz anzuwenden, und, vermittelst der ausführenden Gewalt, einem jeden das Seine zu Theil werden zu lassen, die richterliche Gewalt hat. Also kann nur das Volk, durch seine von ihm selbst abgeordnete Stellvertreter (die Jury), über jeden in demselben, obwohl nur mittelbar, richten. — Es wäre auch unter der Würde des Staatsoberhaupts, den Richter zu spielen, d. i. sich in die Möglichkeit zu versetzen, Unrecht zu thun, und so in den Fall der Apellation (a rege male informato ad regem melius informandum) zu gerathen.

Also sind es drey verschiedene Gewalten (potestas legislatoria, executoria, iudiciaria), wodurch der Staat (ciuitas) seine Autonomie hat, d. i. sich nach Freyheitsgesetzen bildet und erhält. — In ihrer Vereinigung besteht das Heil des Staats (salus reipublicae suprema lex est); worunter man nicht das Wohl der Staatsbürger und ihre Glückseligkeit verstehen muß; denn die kann

kann vielleicht (wie auch Rousseau behauptet) im Naturzu=
stande, oder auch unter einer despotischen Regierung, viel
behaglicher und erwünschter ausfallen: sondern den Zustand
der größten Uebereinstimmung der Verfassung mit Rechts=
principien versteht, als nach welchem zu streben uns die
Vernunft durch einen categorischen Imperativ
verbindlich macht.

Allgemeine Anmerkung

von den rechtlichen Wirkungen aus der Natur des bürgerlichen Vereins.

A.

Der Ursprung der obersten Gewalt ist für das Volk,
das unter derselben steht, in practischer Absicht unerforsch=
lich: d. i. der Unterthan soll nicht über diesen Ursprung,
als ein noch in Ansehung des ihr schuldigen Gehorsams
zu bezweifelndes Recht (ius controuersum), werkthä=
tig vernünfteln. Denn, da das Volk, um rechtskräf=
tig über die oberste Staatsgewalt (summum impe-
rium) zu urtheilen, schon als unter einem allgemein ge=
setzgebenden Willen vereint angesehen werden muß, so kann
und darf es nicht anders urtheilen, als das gegenwärtige
Staatsoberhaupt (summus imperans) es will. — Ob
ursprünglich ein wirklicher Vertrag der Unterwerfung unter
denselben (pactum subiectionis ciuilis) als ein Factum
vorhergegangen, oder ob die Gewalt vorherging, und das

Ge=

Gesetz nur hintennach gekommen sey, oder auch in dieser
Ordnung sich habe folgen sollen: das sind für das Volk,
das nun schon unter dem bürgerlichen Gesetze steht, ganz
zweckleere, und doch den Staat mit Gefahr bedrohende
Vernünfteleyen; denn, wollte der Unterthan, der den letzteren Ursprung nun ergrübelt hätte, sich jener jetzt herrschenden Autorität widersetzen, so würde er nach den Gesetzen
derselben, d. i. mit allem Rechte bestraft, vertilgt, oder
(als vogelfrey exlex) ausgestoßen werden. — Ein Gesetz, das so heilig (unverletzlich) ist, daß es, practisch,
auch nur in Zweifel zu ziehen, mithin seinen Effect einen
Augenblick zu suspendiren, schon ein Verbrechen ist, wird
so vorgestellt, als ob es nicht von Menschen, aber doch
von irgend einem höchsten tadelfreyen Gesetzgeber herkom-
men müsse, und das ist die Bedeutung des Satzes: »alle
Obrigkeit ist von Gott,« welcher nicht einen Geschichts-
grund der bürgerlichen Verfassung, sondern eine Idee, als
practisches Vernunftprincip, aussagt: der jetzt bestehenden
gesetzgebenden Gewalt gehorchen zu sollen; ihr Ursprung
mag seyn, welcher er wolle.

Hieraus folgt nun der Satz: der Herrscher im Staate
hat gegen den Unterthan lauter Rechte und keine (Zwangs-)
Pflichten. — Ferner, wenn das Organ des Herrschers,
der Regent, auch den Gesetzen zuwider verführe, z. B.
mit Auflagen, Recrutirungen, u. dgl., wider das Gesetz
der Gleichheit in Vertheilung der Staatslasten, so darf
der Unterthan dieser Ungerechtigkeit zwar Beschwerden
(grauamina), aber keinen Widerstand entgegensetzen.

Ja

Ja es kann auch selbst in der Constitution kein Ar=
tikel enthalten seyn, der es einer Gewalt im Staate mög=
lich machte, sich, im Fall der Uebertretung der Constitu=
tionalgesetze durch den obersten Befehlshaber, ihm zu
widersetzen, mithin ihn einzuschränken. Denn der, welcher
die Staatsgewalt einschränken soll, muß doch mehr, oder
wenigstens gleiche Macht haben, als derjenige, welcher
eingeschränkt wird, und, als ein rechtmäßiger Gebieter, der
den Unterthanen befähle, sich zu widersetzen, muß er sie
auch schützen können, und in jedem vorkommenden Falle
rechtskräftig urtheilen, mithin öffentlich den Widerstand
befehligen können. Alsdann ist aber nicht jener, sondern
dieser der oberste Befehlshaber; welches sich widerspricht.
Der Souverän verfährt alsdann durch seinen Minister zu=
gleich als Regent, mithin despotisch, und das Blendwerk,
das Volk durch die Deputirte desselben die einschränkende
Gewalt vorstellen zu lassen (da es eigentlich nur die ge=
setzgebende hat), kann die Despotie nicht so verstecken,
daß sie aus den Mitteln, deren sich der Minister bedient,
nicht hervorblickte. Das Volk, das durch seine Deputirte
(im Parlament), repräsentirt wird, hat an diesen Gewährs=
männern seiner Freyheit und Rechte Leute, die für sich
und ihre Familien, und dieser ihre vom Minister abhängi=
gen Versorgung, in Armeen, Flotte und Civilämtern, leb=
haft interessirt sind, und die (statt des Widerstandes gegen
die Anmaßung der Regierung, dessen öffentliche Ankün=
digung ohnedem eine dazu schon vorbereitete Einhelligkeit
im Volke bedarf, die aber im Frieden nicht erlaubt seyn
kann) vielmehr immer bereit sind, sich selbst die Regie=
rung

rung in die Hände zu spielen. — Also ist die sogenannte gemäßigte Staatsverfassung, als Constitution des innern Rechts des Staats, ein Unding, und, anstatt zum Recht zu gehören, nur ein Klugheitsprincip, um, so viel als möglich, dem mächtigen Uebertreter der Volksrechte, seine willkührlichen Einflüsse auf die Regierung nicht zu erschweren, sondern unter dem Schein einer dem Volke verstatteten Opposition zu bemänteln.

Wider das gesetzgebende Oberhaupt des Staats giebt es also keinen rechtmäßigen Widerstand des Volks; denn nur durch Unterwerfung unter seinen allgemein = gesetzgebenden Willen ist ein rechtlicher Zustand möglich; also kein Recht des Aufstandes (seditio), noch weniger des Aufruhrs (rebellio), am allerwenigsten gegen ihn, als einzelne Person (Monarch), unter dem Vorwande des Mißbrauchs seiner Gewalt (tyrannis), Vergreifung an seiner Person, ja an seinem Leben (monarchomachismus sub specie tyrannicidii). Der geringste Versuch hiezu ist Hochverrath (proditio eminens), und der Verräther dieser Art kann als einer, der sein Vaterland umzubringen versucht (parricida), nicht minder als mit dem Tode bestraft werden. — — Der Grund der Pflicht des Volks, einen, selbst den für unerträglich ausgegebenen Mißbrauch der obersten Gewalt, dennoch zu ertragen, liegt darin: daß sein Widerstand wider die höchste Gesetzgebung selbst niemals anders, als gesetzwidrig, ja als die ganze gesetzliche Verfassung zernichtend gedacht werden muß. Denn, um zu dem-

selk

selben befugt zu seyn, müßte ein öffentliches Gesetz vor=
handen seyn, welches diesen Widerstand des Volks er=
laubte, d. i. die oberste Gesetzgebung enthielte eine Bestim=
mung in sich, nicht die oberste zu seyn, und das Volk,
als Unterthan, in einem und demselben Urtheile zum Sou=
verän über den zu machen, dem es unterthänig ist; wel=
ches sich widerspricht, und wovon der Widerspruch durch
die Frage alsbald in die Augen fällt: wer denn in die=
sem Streit zwischen Volk und Souverän Richter seyn
sollte (denn es sind, rechtlich betrachtet, doch immer
zwey verschiedene moralische Personen); wo sich dann
zeigt, daß das erstere es in seiner eigenen Sache seyn
will. *)

　　　　　　　　　　　　　　　　　　　Eine

---

*) Weil die Entthronung eines Monarchen doch auch als
　　freiwillige Ablegung der Krone und Niederlegung sei=
　　ner Gewalt, mit Zurückgebung derselben an das Volk, ge=
　　dacht werden kann, oder auch als eine, ohne Vergreifung
　　an der höchsten Person, vorgenommene Verlassung dersel=
　　ben, wodurch sie in den Privatstand versetzt werden wür=
　　de, so hat das Verbrechen des Volks, welches sie er=
　　zwang, doch noch wenigstens den Vorwand des Noth=
　　rechts (casus necessitatis) für sich, niemals aber das
　　mindeste Recht ihn, das Oberhaupt, wegen der vorigen
　　Verwaltung zu strafen; weil alles, was er vorher in der
　　Qualität eines Oberhaupts that, als äußerlich rechtmäßig
　　geschehen, angesehen werden muß, und er selbst, als
　　Quell der Gesetze betrachtet, nicht unrecht thun kann.
　　Unter allen Gräueln einer Staatsumwälzung durch Auf=
　　　　　　　　　　　　　　　　　　　　　　　　ruhr,

Eine Veränderung der (fehlerhaften) Staatsverfassung, die wohl bisweilen nöthig seyn mag — kann also nur

ruhr, ist selbst die Ermordung des Monarchen noch nicht das ärgste; denn noch kann man sich vorstellen, sie geschehe vom Volk aus Furcht, er könne, wenn er am Leben bleibt, sich wieder ermannen, und jenes die verdiente Strafe fühlen lassen, und solle also nicht eine Verfügung der Strafgerechtigkeit, sondern bloß der Selbsterhaltung seyn. Die formale Hinrichtung ist es, was die mit Ideen des Menschenrechts erfüllete Seele mit einem Schaudern ergreift, das man wiederholentlich fühlt, so bald und so oft man sich diesen Auftritt denkt, wie das Schicksal Carls I. oder Ludwigs XVI. Wie erklärt man sich aber dieses Gefühl, was hier nicht ästhetisch (ein Mitgefühl, Wirkung der Einbildungskraft, die sich in die Stelle des Leidenden versetzt), sondern moralisch, der gänzlichen Umkehrung aller Rechtsbegriffe ist? Es wird als Verbrechen, was ewig bleibt, und nie ausgetilgt werden kann (crimen immortale, inexpiabile), angesehen, und scheint demjenigen ähnlich zu seyn, was die Theologen diejenige Sünde nennen, welche weder in dieser noch in jener Welt vergeben werden kann. Die Erklärung dieses Phänomens im menschlichen Gemüthe scheint aus folgenden Reflexionen über sich selbst, die selbst auf die staatsrechtlichen Principien ein Licht werfen, hervorzugehen.

Eine jede Uebertretung des Gesetzes kann und muß nicht anders, als so erklärt werden, daß sie aus einer Maxime des Verbrechers (sich eine solche Unthat zur Regel zu machen) entspringe; denn, wenn man sie

von

nur vom Souverän selbst durch Reform, aber nicht vom Volk, mithin durch Revolution verrichtet werden,

und

von einem sinnlichen Antrieb ableitete, so wäre sie nicht von ihm, als einem freyen Wesen, begangen, und könnte ihm nicht zugerechnet werden; wie es aber dem Subject möglich ist, eine solche Maxime wider das klare Verbot der gesetzgebenden Vernunft zu fassen, läßt sich schlechterdings nicht erklären; denn nur die Begebenheiten nach dem Mechanism der Natur sind erklärungsfähig. Nun kann der Verbrecher seine Unthat entweder nach der Maxime einer angenommenen objectiven Regel (als allgemein geltend), oder nur als Ausnahme von der Regel (sich davon gelegentlich zu dispensiren) begehen; im letzteren Falle weicht er nur (ob zwar vorsetzlich) vom Gesetz ab; er kann seine eigene Uebertretung zugleich verabscheuen, und, ohne dem Gesetz förmlich den Gehorsam aufzukündigen, es nur umgehen wollen; im ersteren aber verwirft er die Autorität des Gesetzes selbst, dessen Gültigkeit er sich doch vor seiner Vernunft nicht abläugnen kann, und macht es sich zur Regel wider dasselbe zu handeln; seine Maxime ist also nicht bloß ermangelungsweise (negative) sondern sogar abbruchsweise (contrarie) oder, wie man sich ausdrückt, diametraliter, als Widerspruch (gleichsam feindselig) dem Gesetz entgegen. So viel wir einsehen, ist ein dergleichen Verbrechen einer förmlichen (ganz nutzlosen) Bosheit zu begehen, Menschen unmöglich, und doch (ob zwar bloße Idee des Aeußerst-bösen) in einem System der Moral nicht zu übergehen.

O

Der

und, wenn sie geschieht, so kann jene nur die ausüben=
de Gewalt, nicht die gesetzgebende, treffen. — In
einer Staatsverfassung, die so beschaffen ist, daß das
Volk

> Der Grund des Schauderhaften, bey dem Gedanken
> von der förmlichen Hinrichtung eines Monarchen durch
> sein Volk, ist also der, daß der Mord nur als Aus=
> nahme von der Regel, welche dieses sich zur Maxime
> machte, die Hinrichtung aber als eine völlige Um=
> kehrung der Principien des Verhältnisses zwischen Sou=
> verain und Volk (dieses, was sein Daseyn nur der Ge=
> setzgebung des ersteren zu verdanken hat, zum Herrscher
> über jenen zu machen), gedacht werden muß, und so die
> Gewaltthätigkeit mit dreister Stirn und nach Grundsätzen
> über das heiligste Recht erhoben wird; welches, wie ein
> Alles ohne Wiederkehr verschlingender Abgrund, als ein
> vom Staate an ihm verübter Selbstmord, ein keiner
> Entsündigung fähiges Verbrechen zu seyn scheint. Man
> hat also Ursache anzunehmen, daß die Zustimmung zu
> solchen Hinrichtungen wirklich nicht aus einem vermeint=
> rechtlichen Princip, sondern aus Furcht vor Rache des
> vielleicht dereinst wieder auflebenden Staats am Volk,
> herrührte, und jene Förmlichkeit nur vorgenommen wor=
> den, um jener That den Anstrich von Bestrafung, mit=
> hin eines rechtlichen Verfahrens (dergleichen der
> Mord nicht seyn würde) zu geben, welche Beurtheis=
> lung aber verunglückt, weil eine solche Anmaßung
> des Volks noch ärger ist, als selbst der Mord, da
> diese einen Grundsatz enthält, der selbst die Wie=
> dererzeugung eines umgestürzten Staats unmöglich ma=
> chen müßte.

Volk durch ſeine Repräſentanten (im Parlament) jener und dem Repräſentanten derſelben (dem Miniſter) geſetzlich widerſtehen kann — welche dann eine eingeſchränkte Verfaſſung heißt — iſt gleichwohl kein activer Widerſtand (der willkührlichen Verbindung des Volks, die Regierung zu einem gewiſſen thätigen Verfahren zu zwingen, mithin ſelbſt einen Act der ausübenden Gewalt zu begehen) ſondern nur ein negativer Widerſtand, d. i. weigerung des Volks (im Parlament), und erlaubt jener, in den Forderungen, die ſie zur Staatsverwaltung nöthig zu haben vorgiebt, nicht immer zu willfahren; vielmehr wenn das letztere geſchähe, ſo wäre es ein ſicheres Zeichen, daß das Volk verderbt, ſeine Repräſentanten erkäuflich, und das Oberhaupt in der Regierung durch ſeinen Miniſter despotiſch, dieſer ſelbſt aber ein Verräther des Volks ſey.

Uebrigens, wenn eine Revolution einmal gelungen, und eine neue Verfaſſung gegründet iſt, ſo kann die Unrechtmäßigkeit des Beginnens und der Vollführung derſelben, die Unterthanen von der Verbindlichkeit, der neuen Ordnung der Dinge ſich, als gute Staatsbürger, zu fügen, nicht befreyen, und ſie können ſich nicht weigern, derjenigen Obrigkeit ehrlich zu gehorchen, die jetzt Gewalt hat. Der enthronte Monarch (der jene Umwälzung überlebt) kann wegen ſeiner vorigen Geſchäftsführung nicht in Anſpruch genommen, noch weniger aber geſtraft werden, wenn er in den Stand eines Staatsbürgers zurücktretend, ſeine und des Staats Ruhe dem Wagſtücke vorzieht,

zieht, sich von diesem zu entfernen, um als Prätendent
das Abentheuer der Wiederlangung desselben, es sey durch
ingeheim angestiftete Gegenrevolution, oder durch Beystand
anderer Mächte, zu bestehen. Wenn er aber das letztere
vorzieht, so bleibt ihm, weil der Aufruhr, der ihn aus
seinem Besitz vertrieb, ungerecht war, sein Recht an
demselben unbenommen. Ob aber andere Mächte das
Recht haben, sich, diesem verunglückten Oberhaupt zum
Besten, in ein Staatenbündniß zu vereinigen, bloß um
jenes, vom Volk begangene Verbrechen, nicht ungeahn-
det, noch als Scandal für alle Staaten bestehen zu lassen, mithin eine in jedem anderen Staat durch Revolution zu Stande gekommene Verfassung in ihre alte
mit Gewalt zurückzubringen berechtigt und berufen seyn,
das gehört zum Völkerrecht.

B.

Kann der Beherrscher als Obereigenthümer (des Bodens), oder muß er nur als Oberbefehlshaber in Ansehung des Volks durch Gesetze betrachtet werden? Da
der Boden die oberste Bedingung ist, unter der allein es
möglich ist, äußere Sachen als das Seine zu haben,
deren möglicher Besitz und Gebrauch das erste erwerbliche
Recht ausmacht, so wird von dem Souverän, als Landesherrn, besser als Obereigenthümer (dominus ter-
ritorii) alles solche Recht abgeleitet werden müssen.
Das Volk, als die Menge der Unterthanen, gehört ihm
auch zu (es ist sein Volk); aber nicht ihm, als Eigenthümer

thümer (nach dem dinglichen), sondern als Oberbefehlshaber (nach dem persönlichen Recht). — Dieses Oberei-
genthum ist aber nur eine Idee des bürgerlichen Vereins,
um die nothwendige Vereinigung des Privateigenthums
aller im Volk unter einem öffentlichen allgemeinen Besitzer, zu Bestimmung des besonderen Eigenthums, nicht
nach Grundsätzen der Aggregation (die von den Theilen zum Ganzen empirisch fortschreitet), sondern dem
nothwendigen formalen Princip der Eintheilung (Divi-
sion des Bodens) nach Rechtsbegriffen vorstellig zu machen. Nach diesen kann der Obereigenthümer kein Privateigenthum an irgend einem Boden haben, (denn sonst
machte er sich zu einer Privatperson), sondern dieses
gehört nur dem Volk (und zwar nicht collectiv = sondern
distributiv genommen) zu; wovon doch ein nomadisch =
beherrschtes Volk auszunehmen ist, als in welchem gar
kein Privateigenthum des Bodens statt findet. — Der
Oberbefehlshaber kann also keine Domänen, d. i. Ländereyen, zu seiner Privatbenutzung (zu Unterhaltung des
Hofes) haben. Denn, weil es alsdann auf sein eigen
Gutbefinden ankäme, wie weit sie ausgebreitet seyn sollten, so würde der Staat Gefahr laufen, alles Eigenthum
des Bodens in den Händen der Regierung zu sehen, und
alle Unterthanen als Grunduntertähnig (glebæ ad-
scripti) und Besitzer von dem, was immer nur Eigenthum eines Anderen ist, folglich aller Freyheit beraubt
(servi) anzusehen. — Von einem Landesherrn kann
man sagen: er besitzt nichts (zu eigen), außer sich selbst;
denn, wenn er neben einem anderen im Staat etwas

zu eigen hätte, so würde mit diesem ein Streit möglich
seyn, zu dessen Schlichtung kein Richter wäre. Aber
man kann auch sagen: er besitzt alles; weil er das
Befehlshaberrecht über das Volk hat (jedem das Seine
zu Theil kommen zu lassen), dem alle äußere Sachen
(diuilim) zugehören.

Hieraus folgt: daß es auch keine Corporation im
Staate, keinen Stand und Orden, geben könne, der als
Eigenthümer den Boden zur alleinigen Benutzung den
folgenden Generationen (ins Unendliche) nach gewissen
Statuten überliefern könne. Der Staat kann sie zu
aller Zeit aufheben, nur unter der Bedingung, die Ue=
berlebenden zu entschädigen. Der Ritterorden (als
Corporation, oder auch bloß Rang einzelner, vorzüglich
beehrter, Personen): der Orden der Geistlichkeit,
die Kirche genannt, können nie durch diese Vorrechte, wo=
mit sie begünstigt worden, ein auf Nachfolger übertragba=
res Eigenthum am Boden, sondern nur die einstweilige
Benutzung desselben erwerben. Die Comthureyen auf
einer, die Kirchengüter auf der anderen Seite, kön=
nen, wenn die öffentliche Meinung wegen der Mittel,
durch die Kriegsehre den Staat wider die Lauigkeit in
Vertheidigung desselben zu schützen, oder die Menschen
in demselben durch Seelmessen, Gebete und eine Menge
zu bestellender Seelsorger, um sie vor dem ewigen Feuer
zu bewahren, anzutreiben, aufgehört hat, ohne Bedenken
(doch unter der vorgenannten Bedingung) aufgehoben wer=
den. Die, so hier in die Reform fallen, können nicht
klagen,

klagen, daß ihnen ihr Eigenthum genommen werde; denn der Grund ihres bisherigen Beſizes lag nur in der Volksmeinung, und mußte auch, ſo lange dieſe fort=währte, gelten. So bald dieſe aber erloſch, und zwar auch nur in dem Urtheil derjenigen, welche auf Leitung deſſelben durch ihr Verdienſt den größten Anſpruch haben, ſo mußte, gleichſam als durch eine Appellation deſſelben, an den Staat (a rege male informato ad regem melius informandum), das vermeinte Eigenthum auf=hören.

Auf dieſem urſprünglich erworbenen Grundeigenthume beruht das Recht des Oberbefehlshabers, als Obereigen=thümers (des Landesherrn), die Privateigenthümer des Bodens zu beſchazen, d. i. Abgaben durch die Land=tare, Acciſe und Zölle, oder Dienſtleiſtung (dergleichen die Stellung der Mannſchaft zum Kriegsdienſt iſt) zu fordern: ſo doch, daß das Volk ſich ſelber beſchazt, weil dieſes die einzige Art iſt, hiebey nach Rechtsgeſetzen zu verfahren, wenn es durch das Corps der Deputirten deſ=ſelben geſchieht, auch als gezwungene (von dem bisher beſtandenen Geſetz abweichende) Anleihe, nach dem Ma=jeſtätsrechte, als in einem Falle, da der Staat in Ge=fahr ſeiner Auflöſung kommt, erlaubt iſt.

Hierauf beruht auch das Recht der Staatswirth=ſchaft, des Finanzweſens und der Polizey, welche letztere die öffentliche Sicherheit, Gemächlichkeit und An=ſtändigkeit beſorgt (denn daß das Gefühl für dieſe

(ſen-

(sensus decori), als negativer Geschmack, durch Bet=
telei, Lärmen auf Straßen, Gestank, öffentliche Wollust
(venus volgivaga), als Verletzungen des moralischen
Sinnes nicht abgestumpft werde), erleichtert der Regie=
rung gar sehr ihr Geschäfte, das Volk durch Gesetze zu
lenken.

Zu Erhaltung des Staats gehört auch noch ein drit=
tes: nämlich das Recht der Aufsicht (ius inspectio-
nis), daß ihm nämlich keine Verbindung, die aufs öf=
fentliche Wohl der Gesellschaft (Publicum) Einfluß
haben kann, (von Staats = oder Religions=Illuminaten)
verheimlicht, sondern, wenn es von der Policey verlangt
wird, die Eröffnung ihrer Verfassung nicht geweigert wer=
de. Die aber, der Untersuchung der Privatbehausung ei=
nes jeden, ist nur ein Nothfall der Policey, wozu sie
durch eine höhere Autorität in jedem besonderen Falle be=
rechtigt werden muß.

C.

Dem Oberbefehlshaber steht indirect, d. i. als
Uebernehmer der Pflicht des Volks, das Recht zu, die=
ses mit Abgaben zu seiner (des Volks) eigenen Erhal=
tung zu belasten, als da sind: das Armenwesen,
die Findelhäuser und das Kirchenwesen, sonst
milde, oder fromme Stiftungen genannt.

Der allgemeine Volkswille hat sich nämlich zu einer
Gesellschaft vereinigt, welche sich immerwährend erhal=
ten

ten soll, und zu dem Ende sich der inneren Staatsgewalt
unterworfen, um die Glieder dieser Gesellschaft, die es
selbst nicht vermögen, zu erhalten.   Von Staatswegen
ist also die Regierung berechtigt, die Vermögenden zu nö=
thigen, die Mittel der Erhaltung derjenigen, die es, selbst
den nothwendigsten Naturbedürfnissen nach, nicht sind, her=
bey zu schaffen; weil ihre Existenz zugleich als Act der
Unterwerfung unter den Schutz und die zu Ihrem Daseyn
nöthige Vorsorge des gemeinen Wesens ist, wozu sie sich
verbindlich gemacht haben, auf welche der Staat nun
sein Recht gründet, zur Erhaltung ihrer Mitbürger das
ihrige beizutragen.   Das kann nun geschehen: durch Be=
lastung des Eigenthums der Staatsbürger, oder ihres
Handelsverkehrs, oder durch errichtete Fonds und deren
Zinsen: nicht zu Staats = (denn der ist reich), sondern
zu Volksbedürfnissen, aber nicht bloß durch freywillige
Beyträge (weil hier nur vom Rechte des Staats gegen
das Volk die Rede ist), worunter einige gewinnsüchtige
sind (als Lotterien, die mehr Arme, und dem öffentlichen
Eigenthume gefährliche machen, als sonst seyn würden,
und die also nicht erlaubt seyn sollten), sondern zwangs=
mäßig, als Staatslasten.   Hier frägt sich nun: ob die
Versorgung der Armen durch laufende Beyträge, so
daß jedes Zeitalter die Seinigen ernährt, oder durch Be=
stände und überhaupt fromme Stiftungen (dergleichen
Wittwenhäuser, Hospitäler, u. dgl. sind) und zwar jenes
nicht durch Betteley, welche mit der Räuberey nahe ver=
wandt ist, sondern durch gesetzliche Auflage ausgerichtet
werden soll. — Die erstere Anordnung muß für die einzige,

dem

dem Rechte des Staats angemessene, der sich niemand
entziehen kann, der zu leben hat, gehalten werden; weil
sie nicht, (wie von frommen Stiftungen zu besorgen ist),
wenn sie mit der Zahl der Armen anwachsen, das Arm=
seyn zum Erwerbmittel für faule Menschen machen, und
so eine ungerechte Belästigung des Volks durch die
Regierung seyn würden.

Was die Erhaltung der aus Noth oder Schaam
ausgesetzten, oder wohl gar darum ermordeten Kinder be=
trifft, so hat der Staat ein Recht, das Volk mit der
Pflicht zu belasten, diesen, obzwar unwillkommenen Zu=
wachs des Staatsvermögens nicht wissentlich umkommen
zu lassen. Ob dieses aber durch Besteurung der Hage=
stolzen beyderley Geschlechts (worunter die vermö=
gende Ledige verstanden werden), als solche, die daran
doch zum Theil Schuld sind, vermittelst dazu errichteter
Findelhäuser, oder auf andere Art mit Recht geschehen
könne (ein Anderes Mittel, es zu verhüten, möchte es
aber schwerlich geben), ist eine Aufgabe, deren Lösung,
ohne entweder wider das Recht, oder die Moralität zu
verstoßen, bisher noch nicht gelungen ist.

Da auch das Kirchenwesen, welches von der
Religion, als innerer Gesinnung, die ganz außer dem Wir=
kungskreise der bürgerlichen Macht ist, sorgfältig unter=
schieden werden muß, (als Anstalt zum öffentlichen Got=
tesdienste für das Volk, aus welchem dieser auch seinen
Ursprung hat, es sey Meinung oder Ueberzeugung) ein
wahres

wahres Staatsbedürfniß wird, sich auch als Unterthan
einer höchsten unsichtbaren Macht, der sie huldigen
müssen, und die mit der bürgerlichen oft in einen sehr ungleichen Streit kommen kann, zu betrachten: so hat der
Staat das Recht, nicht etwa der inneren Constitutional-
gesetzgebung das Kirchenwesen nach seinem Sinne, wie es
ihm vortheilhaft dünkt, einzurichten, den Glauben und
gottesdienstliche Formen (ritus) dem Volke vorzuschreiben,
oder zu befehlen (denn dieses muß gänzlich den Lehrern
und Vorstehern, die es sich selbst gewählt hat, überlassen
bleiben), sondern nur das negative Recht den Einfluß
auf das sichtbare, politische gemeine Wesen, der der
öffentlichen Ruhe nachtheilig seyn möchte, abzuhalten,
mithin bey dem inneren Streit, oder dem der verschiedenen Kirchen unter einander, die bürgerliche Eintracht nicht
in Gefahr kommen zu lassen, welches also ein Recht der
Policey ist.   Daß eine Kirche einen gewissen Glauben,
und welchen sie haben, oder daß sie ihn unabänderlich
erhalten müsse, und sich nicht selbst reformiren dürfe,
sind Einmischungen der obrigkeitlichen Gewalt, die unter
ihrer Würde sind: weil sie sich dabey, als einem Schul-
gezänke, auf den Fuß der Gleichheit mit ihren Unterthanen einläßt (der Monarch sich zum Priester macht), die
ihr geradezu sagen können, daß sie hievon nichts verstehe;
vornehmlich was das letztere, nämlich das Verbot innerer
Reformen, betrifft; — denn, was das gesammte Volk
nicht über sich selbst beschließen kann, das kann auch der
Gesetzgeber nicht über das Volk beschließen. Nun kann
aber kein Volk beschließen, in seinen, den Glauben be-
treff-

treffenden Einsichten (der Aufklärung) niemals weiter fort=
zuschreiten, mithin auch sich in Ansehung des Kirchenwe=
sens nie zu reformiren; weil dieß der Menschheit in sei=
ner eigenen Person, mithin dem höchsten Rechte desselben
entgegen seyn würde. Also kann es auch keine obrigkeit=
liche Gewalt über das Volk beschließen. — — Was
aber die Kosten der Erhaltung des Kirchenwesens betrift,
so können diese, aus eben derselben Ursache, nicht dem
Staate, sondern müssen dem Theile des Volks, der sich zu
einem oder dem anderen Glauben bekennt, d. i. nur der
Gemeine, zu Lasten kommen.

D.

Das Recht des obersten Befehlshabers im Staate
geht auch 1) auf Vertheilung der Aemter, als mit
einer Besoldung verbundener Geschäftsführung; 2) der
Würden, die, als Standeserhöhungen ohne Sold, d. i.
Rangertheilung der Oberen (der zum Befehlen) in Anse=
hung der Niederen (die, ob zwar als freye und nur
durchs öffentliche Gesetz verbindliche, doch jenen zu ge=
horsamen zum Voraus bestimmt sind), bloß auf Ehre
fundirt sind — und 3) außer diesem (respectiv=wohlthäti=
gen) Recht, auch aufs Strafrecht.

Was ein bürgerliches Amt anlangt, so kommt hier
die Frage vor: hat der Souverän das Recht, einem, dem
er ein Amt gegeben, es nach seinem Gutbefinden (ohne
ein Verbrechen von Seiten des letzteren) wieder zu neh=
men?

men? Ich sage, nein! Denn, was der vereinigte Wille
des Volks über seine bürgerliche Beamte nie beschließen
wird, das kann auch das Staatsoberhaupt über ihn
nicht beschließen. Nun will das Volk (das die Kosten
tragen soll, welche die Ansetzung eines Beamten ihm machen wird) ohne allen Zweifel, daß dieser seinem ihm
auferlegten Geschäfte völlig gewachsen sey; welches aber
nicht anders, als durch eine hinlängliche Zeit hindurch
fortgesetzte Vorbereitung und Erlernung desselben, über
der er diejenige versäumt, die er zur Erlernung eines
Anderen, ihn nährenden, Geschäfts hätte verwenden können, geschehen kann; mithin würde, in der Regel, das
Amt mit Leuten versehen werden, die keine dazu erfor-
derliche Geschicklichkeit, und durch Uebung erlangte reife
Urtheilskraft erworben hätten; welches der Absicht des
Staats zuwider ist, als zu welcher auch erforderlich ist,
daß jeder vom niedrigeren Amte zu höheren (die sonst
lauter untauglichen in die Hände fallen würden) steigen,
mithin auch auf lebenswierige Versorgung müsse rechnen
können.

Die Würde betreffend, nicht bloß die, welche ein
Amt bey sich führen mag, sondern auch die, welche den
Besitzer auch ohne besondere Bedienungen zum Gliede
eines höheren Standes macht, ist der Adel, der, vom
bürgerlichen Stande, in welchem das Volk ist, unterschieden, den männlichen Nachkommen anerbt, durch diese
auch wohl den weiblichen unadlicher Geburt, nur so, daß
die adlich-gebohrne ihrem unadlichen Ehemanne nicht umgekehrt

gelehrt diesen Rang mittheilt, sondern selbst in den bloß bürgerlichen (des Volks) zurückfällt. — Die Frage ist nun: ob der Souverän einen Adelstand, als einen erblichen Mittelstand zwischen ihm und den übrigen Staatsbürgern, zu gründen berechtigt sey. In dieser Frage kommt es nicht darauf an: ob es der Klugheit des Souveräns, wegen seines oder des Volks Vortheils, sondern nur, ob es dem Rechte des Volks gemäß sey, einen Stand von Personen über sich zu haben, die zwar selbst Unterthanen, aber doch in Ansehung des Volks gebohrne Befehlshaber (wenigstens privilegirte) sind. — — Die Beantwortung derselben geht nun hier, eben so wie vorher, aus dem Princip hervor: »was das Volk (die ganze Masse der Unterthanen) nicht über sich selbst und seine Genossen beschließen kann, das kann auch der Souverän nicht über das Volk beschließen.« Nun ist ein angeerbter Adel ein Rang, der vor dem Verdienste vorher geht, und dieses auch mit keinem Grunde hoffen läßt, ein Gedankending, ohne alle Realität. Denn, wenn der Vorfahr Verdienst hatte, so konnte er dieses doch nicht auf seine Nachkommen vererben, sondern diese mußten es sich immer selbst erwerben; da die Natur es nicht so fügt, daß das Talent und der Wille, welche Verdienste um den Staat möglich machen, auch anarten. Weil nun von keinem Menschen angenommen werden kann, er werde seine Freyheit wegwerfen, so ist es unmöglich, daß der allgemeine Volkswille zu einem solchen grundlosen Prärogativ zusammenstimme, mithin kann der Souverän es auch nicht geltend machen. — —

Wenn

Wenn indeſſen gleich eine ſolche Anomalie in das Maſchi⸗
nenweſen einer Regierung von alten Zeiten (des Lehns⸗
weſens, das faſt gänzlich auf den Krieg angelegt war)
eingeſchlichen, von Unterthanen, die mehr als Staatsbür⸗
ger, nämlich gebohrne Beamte, (wie etwa ein Erbpro⸗
feſſor) ſeyn wollen, ſo kann der Staat, dieſen von ihm
begangenen Fehler eines widerrechtlich ertheilten Vorzugs,
nicht anders, als durch Eingehen und Nichtbeſetzung der
Stellen allmählig wiederum gut machen, und ſo hat er
proviſoriſch ein Recht, dieſe Würde dem Titel nach fort⸗
dauern zu laſſen, bis ſelbſt in der öffentlichen Meinung
die Eintheilung in Souverän, Adel und Volk, der ein⸗
zigen natürlichen in Souverän und Volk Platz gemacht
haben wird.

Ohne alle Würde kann nun wohl kein Menſch im
Staate ſeyn, denn er hat wenigſtens die des Staatsbür⸗
gers; außer, wenn er ſich durch ſein eigenes Verbre⸗
chen darum gebracht hat, da er dann zwar im Leben er⸗
halten, aber zum bloßen Werkzeuge der Willkühr eines
Anderen (entweder des Staats, oder eines anderen
Staatsbürgers) gemacht wird. Wer nun das letztere iſt
(was er aber nur durch Urtheil und Recht werden kann),
iſt ein Leibeigener (ſeruus in ſenſu ſtricto) und
gehört zum Eigenthum (dominium) eines Anderen,
der daher nicht bloß ſein Herr (herus), ſondern auch
ſein Eigenthümer (dominus) iſt, der ihn als eine
Sache veräußern und nach Belieben (nur nicht zu
ſchandbaren Zwecken) brauchen, und über ſeine Kräf⸗
te,

te, wenn gleich nicht über sein Leben und Gliedmaßen verfügen (disponiren kann). Durch einen Vertrag kann sich niemand zu einer solchen Abhängigkeit verbinden, dadurch er aufhört, eine Person zu seyn; denn nur als Person kann er einen Vertrag machen. Nun scheint es zwar, ein Mensch könne sich zu gewissen, der Qualität nach erlaubten, dem Grade nach aber unbestimmten Diensten gegen einen Anderen (für Lohn, Kost, -oder Schutz) verpflichten, durch einen Verdingungsvertrag (locatio conductio), und er werde dadurch bloß Unterthan (subiectus), nicht Leibeigener (seruus); allein das ist nur ein falscher Schein. Denn, wenn sein Herr befugt ist, die Kräfte seines Unterthans nach Belieben zu benutzen, so kann er sie auch (wie es mit den Negern auf den Zuckerinseln der Fall ist) erschöpfen, bis zum Tode oder der Verzweiflung, und jener hat sich seinem Herrn wirklich als Eigenthum weggegeben; welches unmöglich ist. — Er kann sich also nur zu der Qualität und dem Grade nach bestimmten, Arbeiten verdingen: entweder als Tagelöhner, oder ansäßiger Unterthan; im letzteren Fall, daß er theils, für den Gebrauch des Bodens seines Herrn, statt des Tagelohns, Dienste auf demselben Boden, theils für die eigene Benutzung desselben bestimmte Abgaben (einen Zins) nach einem Pachtvertrage leistet, ohne sich dabey zum Gutsunterthan (glebae adscriptus) zu machen, als wodurch er seine Persönlichkeit einbüßen würde, mithin eine Zeit- oder Erbpacht gründen kann. Er mag nun aber durch sein Verbrechen ein persönlicher Unterthan geworden seyn, so kann diese Un-

Unterthänigkeit ihm doch nicht anerben; weil er sie sich nur durch seine eigene Schuld zugezogen hat, und eben so wenig kann der von einem Leibeigenen Erzeugte, wegen der Erziehungskosten, die er gemacht hat, in Anspruch genommen werden, weil Erziehung eine absolute Naturpflicht der Eltern, und, im Falle, daß diese Leibeigene waren, der Herren ist, welche mit dem Besitz ihrer Unterthanen auch die Pflichten derselben übernommen haben.

E.

Vom Straf- und Begnadigungsrecht.

I.

Das Strafrecht ist das Recht des Befehlshabers gegen den Unterwürfigen, ihn wegen seines Verbrechens mit einem Schmerz zu belegen. Der oberste im Staate kann also nicht bestraft werden, sondern man kann sich nur seiner Herrschaft entziehen. — Diejenige Uebertretung des öffentlichen Gesetzes, die den, welcher sie begeht, unfähig macht, Staatsbürger zu seyn, heißt Verbrechen schlechthin (crimen), aber auch ein öffentliches Verbrechen (crimen publicum); daher das erstere (das Privatverbrechen) vor die Civil=, das andere vor die Criminalgerechtigkeit gezogen wird. — Verun= treuung, d. i. Unterschlagung der zum Verkehr anver= trauten Gelder oder Waaren, Betrug im Kauf und Ver= kauf, bey sehenden Augen des Anderen, sind Privatver= brechen. Dagegen sind: falsch Geld oder falsche Wechsel zu machen, Diebstahl und Raub, u. dgl. öffentliche Verbrechen, weil das gemeine Wesen und nicht bloß eine einzelne Person dadurch gefährdet wird. — Sie könnten in die der niederträchtigen Gemüthsart (indolis abiectae) und die der gewaltthätigen (indolis violentae) eingetheilt werden.

Richterliche Strafe (poena forensis), die von der natürlichen (poena naturalis), dadurch das Laster sich selbst bestraft und auf welche der Gesetzgeber gar nicht Rücksicht nimmt, verschieden, kann niemals bloß als Mittel, ein anderes Gute zu befördern, für den Verbrecher selbst, oder für die bürgerliche Gesellschaft, sondern muß jederzeit nur darum wider ihn verhängt werden, weil er verbrochen hat; denn der Mensch kann nie bloß als Mittel zu den Absichten eines Anderen gehandhabt und unter die Gegenstände des Sachenrechts gemengt werden, wowider ihn seine angebohrne Persönlichkeit schützt, ob er gleich die bürgerliche einzubüßen gar wohl verurtheilt werden kann. Er muß vorher strafbar befunden seyn, ehe noch daran gedacht wird, aus dieser Strafe einigen Nutzen für ihn selbst oder seine Mitbürger zu ziehen. Das Strafgesetz ist ein categorischer Imperativ, und, wehe dem! welcher die Schlangenwindungen der Glückseligkeitslehre durchkriecht, um etwas auszufinden, was durch den Vortheil, den es verspricht, ihn von der Strafe, oder auch nur in einem Grade derselben entbinde, nach dem pharisäischen Wahlspruch: »es ist besser, daß ein Mensch sterbe, als daß das ganze Volk verde

verderbe;« denn, wenn die Gerechtigkeit untergeht, ſo
hat es keinen Werth mehr, daß Menſchen auf Erden
leben. — Was ſoll man alſo von dem Vorſchlage hal=
ten: einem Verbrecher auf den Tod das Leben zu erhal=
ten, wenn er ſich dazu verſtände, an ſich gefährliche Er=
perimente machen zu laſſen, und ſo glücklich wäre, gut
durchzukommen; damit die Aerzte dadurch eine neue, dem
gemeinen Weſen erſprießliche, Belehrung erhielten? Ein
Gerichtshof würde das mediciniſche Collegium, das dieſen
Vorſchlag thäte, mit Verachtung abweiſen; denn die Ge=
rechtigkeit hört auf eine zu ſeyn, wenn ſie ſich für irgend
einen Preis weggiebt.

Welche Art aber und welcher Grad des Beſtrafung
iſt es, welche die öffentliche Gerechtigkeit ſich zum Prin=
cip und Richtmaße macht? Kein anderes, als das
Princip der Gleichheit (im Stande des Züngleins an der
Waage der Gerechtigkeit) ſich nicht mehr auf die eine,
als auf die andere Seite hinzuneigen. Alſo: was für
unverſchuldetes Uebel du einem Anderen im Volke zufügſt,
das thuſt du dir ſelbſt an. Beſchimpfſt du ihn, ſo be=
ſchimpfſt du dich ſelbſt; beſtiehlſt du ihn, ſo beſtiehlſt
du dich ſelbſt; ſchlägſt du ihn, ſo ſchlägſt du dich ſelbſt;
tödteſt du ihn, ſo tödteſt du dich ſelbſt. Nur das Wie=
dervergeltungsrecht (ius talionis) aber, wohl zu
verſtehen, vor den Schranken des Gerichts (nicht in dei=
nem Privaturtheile), kann die Qualität und Quantität der
Strafe beſtimmt angeben; alle andere ſind hin und her
ſchwankend, und können, anderer ſich einmiſchenden Rück=

ſichten

sichten wegen, keine Angemessenheit mit dem Spruch der
reinen und strengen Gerechtigkeit enthalten. — Nun
scheint es zwar, daß der Unterschied der Stände das
Princip der Wiedervergeltung Gleiches mit Gleichem nicht
verstatte; aber, wenn es gleich nicht nach dem Buchstaben möglich seyn kann, so kann es doch der Wirkung
nach, respective auf die Empfindungsart der Vorneh-
ren, immer geltend bleiben. — So hat z. B. Geld-
strafe wegen einer Verbalinjurie gar kein Verhältniß zur
Beleidigung; denn, der des Geldes viel hat, kann diese
sich wohl einmal zur Lust erlauben, aber die Kränkung
der Ehrliebe des einen kann doch dem Wehthun des Hoch-
muths des Anderen sehr gleich kommen: wenn dieser nicht
allein öffentlich abzubitten, sondern jenem, ob er zwar
niedriger ist, etwa zugleich die Hand zu küssen, durch
Urtheil und Recht genöthigt würde. Eben so, wenn der
gewaltthätige Vornehme für die Schläge, die er dem
Niederen aber schuldlosen Staatsbürger zumißt, außer
der Abbitte noch zu einem einsamen und beschwerlichen
Arreste verurtheilt würde, weil hiemit, außer der Unge-
mächlichkeit, noch die Eitelkeit des Thäters schmerzhaft
angegriffen, und so durch Beschämung Gleiches mit Gleichem gehörig vergolten würde. — Was heißt das aber:
»bestiehlst du ihn, so bestiehlst du dich selbst?« Wer
da stiehlt, macht aller Anderer Eigenthum unsicher; er
beraubt sich also (nach dem Rechte der Wiedervergeltung)
der Sicherheit alles möglichen Eigenthums; er hat nichts
und kann auch nichts erwerben, will aber doch leben;
welches nun nicht anders möglich ist, als daß ihn Andere
ernäh-

ernähren. Weil dieſes aber der Staat nicht umſonſt thun wird, ſo muß er dieſem ſeine Kräfte zu ihm beliebigen Ar=beiten (Karren= oder Zuchthausarbeit) überlaſſen, und kommt auf gewiſſe Zeit, oder, nach Befinden, auch auf immer, in den Sclavenſtand. — Hat er aber gemordet, ſo muß er ſterben. Es giebt hier kein Surrogat zur Befriedigung der Gerechtigkeit. Es iſt keine Gleichar=tigkeit zwiſchen einem noch ſo kummervollen Leben und dem Tode, alſo auch keine Gleichheit des Verbrechens und der Wiedervergeltung, als durch den am Thäter gerichtlich vollzogenen, doch von aller Mißhandlung, welche die Menſchheit in der leidenden Perſon zum Scheu=ſal machen könnte, befreyeten Tod. — Selbſt, wenn ſich die bürgerliche Geſellſchaft mit aller Glieder Einſtim=mung auflöſete, (z.B. das eine Inſel bewohnende Volk beſchlöſſe, auseinander zu gehen, und ſich in alle Welt zu zerſtreuen), müßte der letzte im Gefängniß befindliche Mörder vorher hingerichtet werden, damit jedermann das widerfahre, was ſeine Thaten werth ſind, und die Blut=ſchuld nicht auf dem Volke haſte, das auf dieſe Beſtra=fung nicht gedrungen hat; weil es als Theilnehmer an dieſer öffentlichen Verletzung der Gerechtigkeit betrachtet werden kann.

Dieſe Gleichheit der Strafen, die allein durch die Erkenntniß des Richters auf den Tod, nach dem ſtren=gen Wiedervergeltungsrechte, möglich iſt, offenbaret ſich daran, daß dadurch allein proportionirlich mit der in=neren Bösartigkeit der Verbrecher das Todesurtheil über

über alle (selbst wenn es nicht einen Mord, sondern ein anderes nur mit dem Tode zu tilgendes Staatsverbrechen beträfe) ausgesprochen wird. — Setzet: daß, wie in der letzten schottischen Rebellion, da verschiedene Theilnehmer an derselben (wie Balmerino und andere) durch ihre Empörung nicht als eine dem Hause Stuart schuldige Pflicht auszuüben glaubten, andere dagegen Privatabsichten hegten, von dem höchsten Gerichte das Urtheil so gesprochen worden wäre: ein jeder solle die Freyheit der Wahl zwischen dem Tode und der Karrenstrafe haben; so sage ich, der ehrliche Mann wählt den Tod, der Schelm aber die Karre; so bringt es die Natur des menschlichen Gemüths mit sich. Denn der erstere kennt etwas, was er noch höher schätzt, als selbst das Leben: nämlich die Ehre; der andere hält ein mit Schande bedecktes Leben doch immer noch für besser, als gar nicht zu seyn (animam praeferre pudori. Iuven). Der erstere ist nun ohne Widerrede weniger strafbar als der andere, und so werden sie durch den über alle gleich verhängten Tod ganz proportionirlich bestraft, jener gelinde, nach seiner Empfindungsart, und dieser hart, nach der seinigen; da hingegen, wenn durchgängig auf die Karrenstrafe erkannt würde, der erste zu hart, der andere, für seine Niederträchtigkeit, gar zu gelinde bestraft wäre, und so ist auch hier im Ausspruche über eine in Complot vereinigte Zahl von Verbrechern der beste Ausgleicher vor der öffentlichen Gerechtigkeit, der Tod. — Ueberdem hat man nie gehört, daß ein wegen Mordes zum Tode Verurtheilter sich beschwert hätte, daß ihm damit zu viel, und also

unrecht

unrecht geschehe, jeder würde ihm ins Gesicht lachen,
wenn er sich dessen äußerte. — Man müßte sonst annehmen, daß, wenn dem Verbrecher gleich nach dem
Gesetze nicht unrecht geschieht, doch die gesetzgebende Gewalt im Staate diese Art von Strafe zu verhängen nicht
befugt, und, wenn sie es thut, mit sich selbst im Widerspruch sey.

So viel also der Mörder sind, die den Mord verübt, oder auch befohlen, oder dazu mitgewirkt haben,
so viele müssen auch den Tod leiden; so will es die Gerechtigkeit als Idee der richterlichen Gewalt nach allgemeinen a priori begründeten Gesetzen. — Wenn aber
doch die Zahl der Complicen (correi) zu einer solchen
That so groß ist, daß der Staat, um keine solche Verbrecher zu haben, bald dahin kommen könnte, keine Unterthanen mehr zu haben, und sich doch nicht auflösen,
d. i. in den noch viel ärgeren, aller äußeren Gerechtigkeit entbehrenden Naturzustand übergehen (vornehmlich
nicht durch das Spectakel einer Schlachtbank das Gefühl
des Volks abstumpfen) will, so muß es auch der Souverän in seiner Macht haben, in diesem Nothfalle (casus
necessitatis) selbst den Richter zu machen (vorzustellen)
und ein Urtheil zu sprechen, welches, statt der Lebens-
strafe, eine andere den Verbrechern zuerkennt, bey der
die Volksmenge noch erhalten wird; dergleichen die Deportation ist: Dieses selbst aber nicht als nach einem
öffentlichen Gesetze, sondern durch einen Machtspruch,
d. i. einen Act des Majestätsrechts, der, als Begnadi-
gung,

gung, nur immer in einzelnen Fällen ausgeübt werden kann.

Hiegegen hat nun der Marchese Beccaria aus theilnehmender Empfindeley einer affectirten Humanität (com-
pallibilitas), seine Behauptung der Unrechtmäßigkeit
aller Todesstrafe aufgestellt; weil sie im ursprünglichen
bürgerlichen Vertrage nicht enthalten seyn könnte; denn,
da hätte jeder im Volk einwilligen müssen, sein Leben zu
verlieren, wenn er etwa einen Anderen (im Volk) ermor-
dete; diese Einwilligung aber sey unmöglich, weil Niemand über sein Leben disponiren könne. Alles Sophiste-
rey und Rechtsverdrehung.

Strafe erleidet jemand nicht, weil er sie, sondern
weil er eine strafbare Handlung gewollt hat; denn
es ist keine Strafe, wenn einem geschieht, was er will,
und es ist unmöglich, gestraft werden zu wollen. — Sagen: ich will gestraft werden, wenn ich jemand ermorde,
heißt nichts mehr, als: ich unterwerfe mich sammt allen
übrigen den Gesetzen, welche natürlicherweise, wenn es
Verbrecher im Volke giebt, auch Strafgesetze seyn werden.
Ich, als Mitgesetzgeber, der das Strafgesetz dictirt,
kann unmöglich dieselbe Person seyn, die, als Unterthan,
nach dem Gesetz bestraft wird; denn als ein solcher, nämlich als Verbrecher, kann ich unmöglich eine Stimme in
der Gesetzgebung haben (der Gesetzgeber ist heilig).
Wenn ich also ein Strafgesetz gegen mich, als einen Verbrecher, abfasse, so ist es in mir die reine rechtlich-gesetz-
gebende

gebende Vernunft (homo noumenon), die mich als
einen des Verbrechens fähigen, folglich als eine andere
Person (homo phaenomenon), sammt allen übrigen
in einem Bürgerverein dem Strafgesetze unterwirft. Mit
andern Worten: nicht das Volk (jeder einzelne in dem=
selben), sondern das Gericht (die öffentliche Gerechtig=
keit), mithin ein anderer als der Verbrecher, dictirt die
Todesstrafe, und im Socialcontract ist gar nicht das Ver=
sprechen enthalten, sich strafen zu lassen, und so über
sich selbst und sein Leben zu disponiren. Denn, wenn
der Befugniß zu strafen ein Versprechen des Misse=
thäters zum Grunde liegen müßte, sich strafen lassen zu
wollen, so müßte es diesem auch überlassen werden, sich
straffällig zu finden, und der Verbrecher würde sein eige=
ner Richter seyn. — Der Hauptpunkt des Irrthums
(πρωτον ψευδος) dieses Sophisms besteht darin: daß
das eigene Urtheil des Verbrechers (das man seiner
Vernunft nothwendig zutrauen muß), des Lebens verlu=
stig werden zu müssen, für einen Beschluß des Willens
ansieht, es sich selbst zu nehmen, und so sich die Rechts=
vollziehung mit der Rechtsbeurtheilung in einer und der=
selben Person vereinigt vorstellt.

Es giebt indessen zwey todeswürdige Verbrechen,
in Ansehung deren, ob die Gesetzgebung auch die
Befugniß habe, sie mit der Todesstrafe zu belegen, noch
zweifelhaft bleibt. Zu beyden verleitet das Ehrgefühl.
Das eine ist das der Geschlechtsehre, das andere,
der Kriegsehre, und zwar der wahren Ehre, welche
jeder

jeder dieser zwey Menschenclassen als Pflicht obliegt. Das eine Verbrechen ist der mütterliche Kindesmord (infanticidium maternale); das andere, der Kriegs= gesellenmord (commilitonicidium), der Duell. — Da die Gesetzgebung die Schmach einer unehelichen Geburt nicht wegnehmen, und eben so wenig den Fleck, welcher aus dem Verdacht der Feigheit, der auf einen untergeordneten Kriegsbefehlshaber fällt, welcher einer verächtlichen Begegnung nicht eine über die Todesfurcht erhobene eigene Gewalt entgegensetzt, wegwischen kann: so scheint es, daß Menschen in diesen Fällen sich im Naturzustande befinden und Tödtung (homicidium), die alsdann nicht einmal Mord (homicidium dolo-sum) heißen müßte, in beyden zwar allerdings strafbar seyn, von der obersten Macht aber mit dem Tode nicht könne bestraft werden. Das uneheliche auf die Welt ge= kommene Kind ist außer dem Gesetz (denn das heißt Ehe), mithin auch außer dem Schutze desselben gebohren. Es ist in das gemeine Wesen gleichsam eingeschlichen (wie verbotene Waare), so daß dieses seine Existenz (weil es billig auf diese Art nicht hätte existiren sollen), mithin auch seine Vernichtung ignoriren kann, und die Schande der Mutter, wenn ihre uneheliche Niederkunft bekannt wird, kann keine Verordnung haben. — Der zum Unter=Befehlshaber eingesetzte Kriegesmann, dem ein Schimpf angethan wird, sieht sich eben so wohl durch die öffentliche Meinung der Mitgenossen seines Standes genöthigt, sich Genugthuung, und, wie im Naturzustande, Bestrafung des Beleidigers, nicht durchs Gesetz, vor einem

einem Gerichtshofe, ſondern durch den Duell, darin er
ſich ſelbſt der Lebensgefahr ausſetzt, zu verſchaffen, um
ſeinen Kriegsmuth zu beweiſen, als worauf die Ehre ſeines Standes weſentlich beruht, ſollte es auch mit der
Tödtung ſeines Gegners verbunden ſeyn, die in dieſem
Kampfe, der öffentlich und mit beyderſeitiger Einwilligung, doch auch ungern, geſchieht, eigentlich nicht Mord
(homicidium dolofum) genannt werden kann. — —
Was iſt nun in beyden (zur Criminalgerecht gleit gehörigen) Fällen Rechtens? — Hier kommt die Strafgerechtigkeit gar ſehr ins Gedränge: entweder den Ehrbegrif
(der hier kein Wahn iſt.) durchs Geſetz für nichtig zu
erklären, und ſo mit dem Tode zu beſtrafen, oder von
dem Verbrechen die angemeſſene Todesſtrafe wegzuneh-
men, und ſo entweder grauſam oder nachſichtig zu ſeyn.
Die Auflöſung dieſes Knotens iſt: daß der categoriſche Imperativ der Strafgerechtigkeit (die geſetzwidrige Tödtung
eines Anderen müſſe mit dem Tode beſtraft werden)
bleibt, die Geſetzgebung ſelber aber (mithin auch die bürgerliche Verfaſſung), ſo lange noch als barbariſch und
unausgebildet, daran Schuld iſt, daß die Triebfedern der
Ehre im Volke (ſubjectiv) nicht mit den Maßregeln zuſammen treffen wollen, die (objectiv) ihrer Abſicht gemäß ſind, ſo daß die öffentliche, vom Staat ausgehende
Gerechtigkeit, in Anſehung der aus dem Volk, eine Ungerechtigkeit wird.

II.

II.

Das Begnadigungsrecht (ius aggratiandi) für den Verbrecher, entweder der Milderung oder gänzlichen Erlassung der Strafe, ist wohl unter allen Rechten des Souveräns das schlüpfrigste, um den Glanz seiner Hoheit zu beweisen, und dadurch doch im hohen Grade unrecht zu thun. — In Ansehung der Verbrechen der Unterthanen gegen einander steht es schlechterdings ihm nicht zu, es auszuüben; denn hier ist Straflosigkeit (impunitas criminis) das größte Unrecht gegen die letztern. Also nur bey einer Läsion, die ihm selbst widerfährt (crimen laefae majeſtatis), kann er davon Gebrauch machen. Aber auch da nicht einmal, wenn durch Ungestraftheit dem Volke selbst in Ansehung seiner Sicherheit Gefahr erwachsen könnte. — Dieses Recht ist das einzige, was den Nahmen des Majestätsrechts verdient.

Von dem rechtlichen Verhältnisse des Bürgers zum Vaterlande und zum Auslande.

§. 50.

Das Land (territorium), dessen Einsassen schon durch die Constitution, d. i. ohne einen besonderen rechtlichen Act ausüben zu dürfen (mithin durch die Geburt), Mitbürger eines und desselben gemeinen Wesens sind, heißt das Vaterland; das, worin sie es ohne diese Bedingung nicht sind, das Ausland, und dieses, wenn

* es

es einen Theil der Landesherrschaft überhaupt ausmacht, heißt die Provinz (in der Bedeutung, wie die Römer dieses Wort brauchten), welche, weil sie doch keinen coalisirten Theil des Reichs (imperii) als Sitz von Mitbürgern, sondern nur eine Besitzung desselben, als eines Unterhauses ausmacht, den Boden des herrschenden Staats als Mutterland (regio domina) verehren muß.

1) Der Unterthan (auch als Bürger betrachtet) hat das Recht der Auswanderung; denn der Staat könnte ihn nicht als sein Eigenthum zurückhalten. Doch kann er nur seine fahrende, nicht die liegende Haabe mit herausnehmen, welches alsdann doch geschehen würde, wenn er seinen bisher besessenen Boden zu verkaufen, und das Geld dafür mit sich zu nehmen, befugt wäre.

2) Der Landesherr hat das Recht der Begünstigung der Einwanderung und Ansiedelung Fremder (Colonisten), obgleich seine Landeskinder dazu scheel sehen möchten; wenn ihnen nur nicht das Privateigenthum derselben am Boden gekürzt wird.

3) Ebenderselbe hat auch, im Falle eines Verbrechens des Unterthans, welches alle Gemeinschaft der Mitbürger mit ihm für den Staat verderblich macht, das Recht der Verbannung in eine Provinz im Auslande, wo er keiner Rechte eines Bürgers theilhaftig wird, d.i. zur Deportation.

4.

4) Auch das der Landesverweisung überhaupt (ius exilii), ihn in die weite Welt, d.i. ins Ausland überhaupt (in der altdeutschen Sprache Elend genannt) zu schicken; welches, weil der Landesherr ihn nun allen Schutz entzieht, so viel bedeutet, als ihn innerhalb seinen Grenzen vogelfrey zu machen.

§. 51.

Die drey Gewalten im Staate, die aus dem Begrif eines gemeinen Wesens überhaupt (res publica latius dicta) hervorgehen, sind nur so viel Verhältnisse des vereinigten, a priori aus der Vernunft abstammenden, Volkswillens und eine reine Idee von einem Staatoberhaupte, welche objective practische Realität hat. Dieses Oberhaupt (der Souverän) aber ist so fern nur ein (das gesammte Volk vorstellendes) Gedankending, als es noch an einer physischen Person mangelt, welche die höchste Staatsgewalt vorstellt, und dieser Idee Wirksamkeit auf den Volkswillen verschafft. Das Verhältniß der ersteren zum letzteren ist nun auf dreyerley verschiedene Art denkbar: entweder daß Einer im Staate über alle, oder daß Einige, die einander gleich sind, vereinigt, über alle andere, oder daß Alle zusammen über einen jeden, mithin auch über sich selbst gebieten, d. i. die Staatsform ist entweder autocratisch, oder aristocratisch, oder democratisch. (Der Ausdruck monarchisch, statt autocratisch, ist nicht dem Begriffe, den man hier will, angemessen; denn der Monarch, welcher die höchste,

Auto-

Autocrator aber, oder Selbstherrscher, der, welcher alle Gewalt hat; dieser ist der Souverän, jener repräsentirt ihn bloß). — Man wird leicht gewahr, daß die
autocratische Staatsform die einfachste sey, nämlich
von einem (dem Könige), zum Volke, mithin wo nur
Einer der Gesetzgeber ist. Die aristocratische ist schon
aus zwey Verhältnissen zusammengesetzt: nämlich
dem der Vornehmen (als Gesetzgeber) zu einander, um
den Souverän zu machen, und dann das dieses Souveräns zum Volke; die democratische aber die allerzusammen-
gesetzteste, nämlich den Willen Aller zuerst zu vereinigen,
um daraus ein Volk, dann den der Staatsbürger um
ein gemeines Wesen zu bilden, und dann diesem gemeinen
Wesen den Souverän, der dieser vereinigte Wille selbst ist,
vorzusetzen.*) Was die Handhabung des Rechts im
Staate betrifft, so ist freylich die einfachste auch zugleich die
beste; aber, was das Recht selbst anlangt, die gefährlichste
fürs Volk, in Betracht des Despotismus, zu dem sie so
sehr einladet. Das Simplificiren ist zwar im Maschinen-
werk der Vereinigung des Volks durch Zwangsgesetze die
vernünftige Maxime: wenn nämlich alle im Volke passiv
sind, und Einem, der über sie ist, gehorchen; aber das
giebt keine Unterthanen als Staatsbürger. Was die
Ver-

*) Von der Verfälschung dieser Formen durch sich eindrin-
gende unbefugte Machthaber (der Oligarchie und Och-
lokratie), imgleichen den sogenannten gemischten
Staatsverfassungen erwähne ich hier nichts, weil es zu
weit führen würde.

Vertröstung, womit sich das Volk befriedigen soll, betrift: daß nämlich die Monarchie (eigentlich hier Autocratie) die beste Staatsverfassung sey, wenn der Monarch gut ist (d.i. nicht bloß den Willen, sondern auch
die Einsicht dazu hat); gehört zu den tautologischen Weis-
heitssprüchen, und sagt nichts mehr: als die beste Verfassung ist die, durch welche der Staatsverwalter zum
besten Regenten gemacht wird, d.i. diejenige, welche die
beste ist.

§. 52.

Der Geschichtsurkunde dieses Mechanismus
nachzuspüren, ist vergeblich, d.i. man kann zum Zeitpunkt des Anfangs der bürgerlichen Gesellschaft nicht her-
auslangen (denn die Wilden errichten kein Instrument
ihrer Unterwerfung unter das Gesetz, und es ist auch
schon aus der Natur roher Menschen abzunehmen, daß
sie es mit der Gewalt angefangen haben werden). Diese
Nachforschung aber in der Absicht anzustellen, um allenfalls die jetzt bestehende Verfassung mit Gewalt abzuändern, ist strafbar. Denn diese Umänderung müßte durchs
Volk, welches sich dazu rottirte, also nicht durch die Gesetzgebung geschehen; Meuterey aber, in einer schon bestehenden Verfassung, ist ein Umsturz aller bürgerlich-
rechtlichen Verhältnisse, mithin alles Rechts, d.i. nicht
Veränderung der bürgerlichen Verfassung, sondern Auflösung derselben, und dann der Uebergang in die bessere,
nicht Metamorphose, sondern Palingnesie, welche einen
neuen

neuen gesellschaftlichen Vertrag erfordert, auf den der vo=
rige (nun aufgehobene) keinen Einfluß hat. — Es muß
aber dem Souverän doch möglich seyn, die bestehende
Staatsverfassung zu ändern, wenn sie mit der Idee des
ursprünglichen Vertrags nicht wohl vereinbar ist, und hie=
bey doch diejenige Form bestehen zu lassen, die dazu, daß
das Volk einen Staat ausmache, wesentlich gehöret.
Diese Veränderung kann nun nicht darin bestehen, daß
der Staat sich von einer dieser drey Formen zu einer der
beyden anderen selbst constituirt, z. B. daß die Aristocra=
ten einig werden, sich einer Autocratie zu unterwerfen,
oder in eine Democratie verschmelzen zu wollen, und so
umgekehrt; gleich als ob es auf der freyen Wahl und
dem Belieben des Souveräns beruhe, welcher Verfassung
er das Volk unterwerfen wolle. Denn selbst dann, wenn
er sich zu einer Democratie umzuändern beschlösse, wür=
de er doch dem Volk unrecht thun können, weil es selbst
diese Verfassung verabscheuen könnte, und eine der zwey
übrigen für sich zuträglicher fände.

Die Staatsformen sind nur der Buchstabe (lit-
tera) der ursprünglichen Gesetzgebung im bürgerlichen
Zustande, und sie mögen also bleiben, so lange sie, als
zum Maschinenwesen der Staatsverfassung gehörend, durch
alte und lange Gewohnheit (also nur subjectiv) für noth=
wendig gehalten werden. Aber der Geist jenes ursprüngli=
chen Vertrages (anima pacti originarii) enthält die
Verbindlichkeit der constituirenden Gewalt, die Regie=
rungsart jener Idee angemessen zu machen, und so sie,

wenn

wenn es nicht auf einmal geschehen kann, allmählig und continuirlich dahin zu verändern, daß sie mit der einzig rechtmäßigen Verfassung, nämlich der einer reinen Republik, ihrer Wirkung nach zusammenstimme, und jene alte empirische (statutarische) Formen, welche bloß die Unterthänigkeit des Volks zu bewirken dienten, sich in die ursprüngliche (rationale) auflösen, welche allein die Freyheit zum Princip, ja zur Bedingung alles Zwanges macht, der zu einer rechtlichen Verfassung, im eigentlichen Sinne des Staats, erforderlich ist, und dahin auch dem Buchstaben nach endlich führen wird. — Dieß ist die einzige bleibende Staatsverfassung, wo das Gesetz selbstherrschend ist, und an keiner besonderen Person hängt; der letzte Zweck alles öffentlichen Rechts, der Zustand, in welchem allein jedem das Seine peremtorisch zugetheilt werden kann; indessen, daß, so lange jene Staatsformen dem Buchstaben nach eben so viel verschiedene, mit der obersten Gewalt bekleidete, moralische Personen vorstellen sollen, nur ein provisorisches inneres Recht, und kein absolut-rechtlicher Zustand, der bürgerlichen Gesellschaft zugestanden werden kann.

Alle wahre Republik aber ist und kann nichts anders seyn, als ein repräsentatives System des Volks, um im Namen desselben, durch alle Staatsbürger vereinigt, vermittelst ihrer Abgeordneten (Deputirten) ihre Rechte zu besorgen. Sobald aber ein Staatsoberhaupt, der Person nach (es may seyn König, Adelstand, oder

die

die ganze Volkszahl, der democratische Verein) sich auch
repräsentiren läßt, so repräsentirt das vereinigte Volk
nicht bloß den Souverän, sondern es ist dieser selbst;
denn in ihm (dem Volke) befindet sich ursprünglich die
oberste Gewalt, von der alle Rechte der Einzelnen, als
bloßer Unterthanen, (allenfals als Staatsbeamten) abgeleitet werden müssen, und die nunmehr errichtete Republik hat nicht mehr nöthig, die Zügel der Regierung aus
den Händen zu lassen, und sie denen wieder zu überge-
ben, die sie vorher geführt hatten, und die nun alle neue
Anordnungen durch absolute Willkühr wieder vernichten
könnten.

Es war also ein großer Fehltritt der Urtheilskraft eines mächtigen Beherrschers zu unsrer Zeit,
sich aus der Verlegenheit wegen großer Staatsschul-
den dadurch helfen zu wollen, daß er es dem Volk
übertrug, diese Last nach dessen eigenem Gutbefinden
selbst zu übernehmen und zu vertheilen; da es denn
natürlicherweise nicht allein die gesetzgebende Gewalt
in Ansehung der Besteurung der Unterthanen, sondern
auch in Ansehung der Regierung in die Hände be-
kam; nämlich zu verhindern, daß diese nicht durch
Verschwendung oder Krieg neue Schulden machte,
mithin die Herrschergewalt des Monarchen gänzlich
verschwand (nicht bloß suspendirt wurde), und aufs
Volk übergieng, dessen gesetzgebenden Willen nun das
Mein und Dein jedes Unterthans unterworfen wurde. Man kann auch nicht sagen: daß dabei ein still-
schweigendes, aber doch vertragsmäßiges Versprechen

der Nationalverfammlung, sich nicht eben zur Souveränität zu constituiren, sondern nur dieser ihr Geschäfte zu administriren, nach verrichtetem Geschäfte aber die Zügel des Regiments dem Monarchen wiederum in seine Hände zu überliefern, angenommen werden müsse; denn ein solcher Vertrag ist an sich selbst null und nichtig.   Das Recht der obersten Gesetzgebung im gemeinen Wesen ist kein veräußerliches, sondern das allerpersönlichste Recht. Wer es hat, kann nur durch den Gesammtwillen des Volks über das Volk, aber nicht über den Gesammtwillen selbst, der der Urgrund aller öffentlichen Verträge ist, disponiren. Ein Vertrag, der das Volk verpflichtete, seine Gewalt wiederum zurückzugeben, würde demselben nicht als gesetzgebender Macht zustehen, und doch das Volk verbinden, welches nach dem Satze: Niemand kann zweyen Herren dienen, ein Widerspruch ist.

Des

öffentlichen Rechts

Zweyter Abschnitt.

Das Völkerrecht.

§. 43.

Die Menschen, welche ein Volk ausmachen, können, als Landeseingebohrne, nach der Analogie der Erzeugung, von einem gemeinschaftlichen Elternstamm (congeniti) vorgestellt werden, ob sie es gleich nicht sind: dennoch aber, in intellectueller und rechtlicher Bedeutung, als von einer gemeinschaftlichen Mutter (der Republik) gebohren, gleichsam eine Familie (gens, natio) ausmachen, deren Glieder, (Staatsbürger) alle ebenbürtig sind, und mit denen, die neben ihnen im Naturzustande leben möchten, als unedlen keine Vermischung eingehen, obgleich diese (die Wilden) ihrerseits sich wiederum wegen der gesetzlosen Freyheit, die sie gewählt haben, sich vornehmer dünken, die gleichfalls Völkerschaften, aber nicht

Staa=

Staaten, ausmachen. Das Recht der Staaten im
Verhältniß zu einander [welches nicht ganz richtig im
Deutschen das Völkerrecht genannt wird, sondern vielmehr das Staatenrecht (ius publicum ciuitatum) heißen sollte] ist nun dasjenige, was wir unter dem Namen
des Völkerrechts zu betrachten haben: wo ein Staat, als
eine moralische Person, gegen einen anderen im Zustande
der natürlichen Freyheit, folglich auch dem des beständigen Krieges betrachtet, theils zum Kriege, theils das
im Kriege, theils das, einander zu nöthigen, aus diesem
Kriegszustande herauszugehen, mithin eine den beharrlichen Frieden gründende Verfassung, d. i. das Recht nach
dem Kriege zur Aufgabe macht, und führt nur das Un-
terscheidende von dem des Naturzustandes einzelner Menschen oder Familien (in Verhältniß gegen einander) von
dem der Völker bey sich, daß im Völkerrecht nicht bloß
ein Verhältniß eines Staats gegen den anderen im Ganzen, sondern auch einzelner Personen des Einen gegen
einzelne des anderen, imgleichen gegen den ganzen anderen Staat selbst in Betrachtung kommt; welcher Unterschied aber vom Recht Einzelner im bloßen Naturzustande
nur solcher Bestimmungen bedarf, die sich aus dem Begriffe des letzteren leicht folgern lassen.

§. 54.

Die Elemente des Völkerrechts sind: 1) daß Staaten, im äußeren Verhältnisse gegen einander betrachtet,
(wie gesetzlose Wilde) von Natur in einem nicht-rechtli-
chen Zustande sind; 2) daß dieser Zustand ein Zustand
des

des Krieges (des Rechts des Stärkeren), wenn gleich
nicht wirklicher Krieg und immerwährende wirkliche Be-
fehdung (Hostilität) ist, welche (indem sie es beyde
nicht besser haben wollen), obzwar dadurch keinem von
dem Anderen unrecht geschieht, doch an sich selbst im
höchsten Grade unrecht ist, und aus welchem die Staaten, welche einander benachbart sind, auszugehen verbunden sind; 3) daß ein Völkerbund, nach der Idee
eines ursprünglichen gesellschaftlichen Vertrages, nothwendig ist, sich zwar einander nicht in die einheimi-
schen Mißhelligkeiten derselben zu mischen, aber doch gegen Angriffe der äußeren zu schützen; 4) daß die Verbindung doch keine souveräne Gewalt (wie in einer bürgerlichen Verfassung), sondern nur eine Genossen-
schaft (Föderalität) enthalten müsse; eine Verbindung,
die zu aller Zeit aufgekündigt werden kann, mithin von
Zeit zu Zeit erneuert werden muß, — ein Recht, in
subsidium eines anderen und ursprünglichen Rechts, den
Verfall in den Zustand des wirklichen Krieges derselben
untereinander von sich abzuwehren (foedus Amphyc-
tionum).

§. 55.

Bey jenem ursprünglichen Rechte zum Kriege freyer
Staaten gegen einander im Naturzustande (um etwa einen dem rechtlichen sich annähernden Zustand zu stiften)
erhebt sich zuerst die Frage, welches Recht hat der Staat
gegen seine eigene Unterthanen sie zum Kriege
gegen andere Staaten zu brauchen, ihre Güter, ja ihr

Leben

Leben dabey aufzuwenden, oder aufs Spiel zu setzen: so, daß es nicht von dieser ihrem eigenen Urtheil abhängt, ob sie in den Krieg ziehen wollen oder nicht, sondern der Oberbefehl des Souveräns sie hineinschicken darf?

Dieses Recht scheint sich leicht darthun zu lassen; nämlich aus dem Rechte mit dem Seinen (Eigenthum) zu thun, was man will. Was jemand aber der Substanz nach selbst gemacht hat, davon hat er ein unbestrittenes Eigenthum. — Hier ist also die Deduction, so wie sie ein bloßer Jurist abfassen würde.

Es giebt mancherley Naturproducte in einem Lande, die doch, was die Menge derselben von einer gewissen Art betrifft, zugleich als Gemächsel (artefacta) des Staats angesehen werden müssen, weil das Land sie in solcher Menge nicht liefern würde, wenn es nicht einen Staat und eine ordentliche machthabende Regierung gäbe, sondern die Bewohner im Stande der Natur wären. — Haushühner (die nützlichste Art des Geflügels) Schaafe, Schweine, das Rindergeschlecht u. a. m. würden, entweder aus Mangel an Futter, oder der Raubthiere wegen, in dem Lande, wo ich lebe, entweder gar nicht, oder höchst sparsam anzutreffen seyn, wenn es darin nicht eine Regierung gäbe, welche den Einwohnern ihren Erwerb und Besitz sicherte. — Eben das gilt auch von der Menschenzahl, die, eben so wie in den Americanischen Wüsten, ja selbst dann, wenn man diesen den größten Fleiß (den jene nicht haben) beylegte, nur gering seyn kann.

kann. Die Einwohner würden nur sehr dünn gesäet seyn, weil keiner derselben sich, mit sammt seinem Gesinde, auf einem Boden weit verbreiten könnte, der immer in Gefahr ist, von Menschen oder Wilden und Raubthieren verwüstet zu werden; mithin sich für eine so große Menge von Menschen, als jetzt auf einem Lande leben, kein hinlänglicher Unterhalt finden würde. — — So wie man nun von Gewächsen (z. B. den Cartoffeln) und von Hauethieren, weil sie, was die Menge betrifft, ein Machwerk der Menschen sind, sagen kann, daß man sie gebrauchen, verbrauchen und verzehren (tödten lassen) kann: so, scheint es, könne man auch von der obersten Gewalt im Staate, dem Souverän, sagen, er habe das Recht, seine Unterthanen, die dem größten Theil nach, sein eigenes Product sind, in den Krieg, wie auf eine Jagd, und zu einer Feldschlacht, wie auf eine Lustpartie zu führen.

Dieser Rechtsgrund aber (der vermuthlich den Monarchen auch dunkel vorschweben mag) gilt zwar freylich in Ansehung der Thiere, die ein Eigenthum des Menschen seyn können; will sich aber doch schlechterdings nicht auf den Menschen, vornehmlich als Staatsbürger, anwenden lassen, der im Staate immer als mitgesetzgebendes Glied betrachtet werden muß (nicht bloß als Mittel, sondern auch zugleich als Zweck an sich selbst), und der also zum Kriegführen nicht allein überhaupt, sondern auch zu jeder besondern Kriegserklärung, vermittelst seiner Repräsentanten, seine freye Beystimmung geben muß, unter wel=

welcher einschränkenden Bedingung allein der Staat über seinen gefahrvollen Dienst disponiren kann.

Wir werden also wohl dieses Recht von der Pflicht des Souveräns gegen das Volk (nicht umgekehrt) abzuleiten haben; wobey dieses dafür angesehen werden muß, daß es seine Stimme dazu gegeben habe, in welcher Qualität es, obzwar passiv (mit sich machen läßt), doch auch selbstthätig ist, und den Souverän selbst vorstellt.

§. 56.

Im natürlichen Zustande der Staaten ist das Recht zum Kriege (zu Hostilitäten) die erlaubte Art, wodurch ein Staat sein Recht verfolgt, nämlich, wenn er sich von diesem lädirt glaubt, durch eigene Gewalt; weil es durch einen Proceß (als durch den allein die Zwistigkeiten ausgeglichen werden) in jenem Zustande nicht geschehen kann. — Außer der thätigen Verletzung (der ersten Aggression, welche von der ersten Hostilität unterschieden ist), ist es die Bedrohung. Hiezu gehört entweder eine zuerst vorgenommene Zurüstung, worauf sich das Recht des Zuvorkommens (ius praeuentionis) gründet, oder auch bloß die fürchterlich (durch Ländererwerbung) anwachsende Macht (potentia tremenda) eines anderen Staats. Diese ist eine Läsion des Mindermächtigen, bloß durch den Zustand vor aller That des Uebermächtigen, und im Naturzustande ist dieser Angriff allerdings rechtmäßig. Hierauf gründet sich

also

also das Recht des Gleichgewichts aller einander thätig
berührenden Staaten.

Was die thätige Verletzung betrift, die ein
Recht zum Kriege giebt, so gehört dazu die selbst=
genommene Genugthuung für die Beleidigung des einen
Volks durch das Volk des anderen Staats, die Wie=
dervergeltung (retorsio), ohne eine Erstattung (durch
friedliche Wege) bey dem anderen Staate zu suchen, wo=
mit, der Förmlichkeit nach, der Ausbruch des Krieges,
ohne vorhergehende Aufkündigung des Friedens (Kriegs=
ankündigung), eine Aehnlichkeit hat; weil, wenn man
einmal ein Recht im Kriegszustande finden will, etwas
Analogisches mit einem Vertrag angenommen werden muß,
nämlich Annahme der Erklärung des anderen Theils,
daß beyde ihr Recht auf diese Art suchen wollen.

§. 57.

Das Recht im Kriege ist gerade das im Völkerrecht,
wobey die meiste Schwierigkeit ist, um sich auch nur ei=
nen Begriff davon zu machen, und ein Gesetz in diesem
gesetzlosen Zustande zu denken (inter arma silent leges),
ohne sich selbst zu widersprechen; es müßte denn dasjenige
seyn: den Krieg nach solchen Grundsätzen zu führen, nach
welchen es immer noch möglich bleibt, aus jenem Na=
turzustande der Staaten (im äußeren Verhältnisse gegen
einander) herauszugehen, und in einen rechtlichen zu
treten.

Kein Krieg unabhängiger Staaten gegen einander kann ein Straffrieg (bellum punitiuum) seyn. Denn Strafe findet nur im Verhältnisse eines Obern (imperantis) gegen den Unterworfenen (subditum) statt, welches Verhältniß nicht das der Staaten gegen einander ist: — Aber auch weder ein Ausrottungs= (bellum internecinum) noch Unterjochungskrieg (bellum subjugatorium), der eine moralische Vertilgung eines Staats (dessen Volk nun mit dem des Ueberwinders entweder in eine Masse verschmelzt, oder in Knechtschaft verfällt) seyn würde. Nicht als ob dieses Nothmittel des Staats zum Friedenszustande zu gelangen, an sich dem Rechte eines Staats widerspräche, sondern weil die Idee des Völkerrechts bloß den Begrif eines Antagonismus nach Principien der äußeren Freyheit bey sich führt, um sich bey dem Seinen zu erhalten, aber nicht eine Art zu erwerben, als welche, durch Vergrößerung der Macht des einen Staats, für den anderen bedrohend seyn kann.

Vertheidigungsmittel aller Art sind dem bekriegten Staat erlaubt, nur nicht solche, deren Gebrauch die Unterthanen desselben, Staatsbürger zu seyn, unfähig machen würde; denn alsdann machte er sich selbst zugleich unfähig, im Staatenverhältnisse nach dem Völkerrechte für eine Person zu gelten (die gleicher Rechte mit andern theilhaftig wäre). Darunter gehört: seine eigne Unterthanen zu Spionen, diese, ja auch Auswärtige zu Meuchelmördern, Giftmischern (in welche Classe auch wohl die

fo

so genannten Scharfschützen, welche Einzelen im Hinter=
halte auflauern, gehören möchten), oder auch nur zur
Verbreitung falscher Nachrichten, zu gebrauchen; mit ei=
nem Worte, sich solcher heimtückischen Mittel zu bedienen,
die das Vertrauen, welches zur künftigen Gründung eines
dauerhaften Friedens erforderlich ist, vernichten würden.

Im Kriege ist es erlaubt, dem überwältigten Feinde
Lieferungen und Contributionen aufzulegen, aber nicht das
Volk zu plündern, d. i. einzelnen Personen das Ihrige ab=
zuzwingen (denn das wäre Raub; weil nicht das über=
wundene Volk, sondern der Staat, unter dessen Herrschaft
es war, durch dasselbe Krieg führete): sondern
durch Ausschreibungen gegen ausgestellte Scheine:
um bey nachfolgenden Frieden die dem Lande oder der
Provinz aufgelegte Last proportionirlich zu vertheilen.

§. 58.

Das Recht nach dem Kriege, d. i. im Zeit=
punkte des Friedensvertrags und in Hinsicht auf die Fol=
gen desselben, besteht darin: der Sieger macht die Be=
dingungen, über die mit dem Besiegten übereinzukom=
men und zum Friedensschluß zu gelangen, Tractaten
gepflogen werden, und zwar nicht gemäß irgend einem
vorzuschützenden Recht, was ihm wegen der vorgeblichen
Läsion seines Gegners zustehe, sondern, indem er diese
Frage auf sich beruhen läßt, sich stützend auf seine Ge=
walt. Daher kann der Ueberwinder nicht auf Erstattung

der

der Kriegskosten antragen; weil er den Krieg seines Gegners alsdann für ungerecht ausgeben müßte: sondern, ob
er sich gleich dieses Argument denken mag, so darf er es
doch nicht anführen, weil er ihn sonst für einen Bestra-
fungskrieg erklären, und so wiederum eine Beleidigung
ausüben würde. Hiezu gehört auch die (auf keinen Los-
kauf zu stellende) Auswechselung der Gefangenen, ohne
auf Gleichheit der Zahl zu sehen.

Der überwundene Staat, oder dessen Unterthanen,
verlieren durch die Eroberung des Landes nicht ihre staats-
bürgerliche Freyheit, so, daß jene zur Colonie, diese zu
Leibeigenen abgewürdigt würden; denn sonst wäre es ein
Strafkrieg gewesen, der an sich selbst widersprechend ist. —
Eine Colonie oder Provinz ist ein Volk, das zwar seine
eigene Verfassung, Gesetzgebung, Boden, hat, auf welchem die zu einem anderen Staat gehörige nur Fremd-
linge sind, der dennoch über jenes die oberste ausübende
Gewalt hat. Der letztere heißt der Mutterstaat. Der
Tochterstaat wird von jenem beherrscht, aber doch von
sich selbst (durch sein eigenes Parlament, allenfalls unter
dem Vorsitz eines Vicekönigs) regiert (ciuitas hybrida).
Dergleichen war Athen in Beziehung auf verschiedene
Inseln, und ist jetzt Großbritannien in Ansehung Ir-
lands.

Noch weniger kann Leibeigenschaft und ihre
Rechtmäßigkeit von der Ueberwältigung eines Volks durch
Krieg abgeleitet werden, weil man hiezu einen Strafkrieg
an-

annehmen müßte. Am allerwenigſten eine erbliche Leibei=
genſchaft, die überhaupt abſurd iſt, weil die Schuld aus
Jemandes Verbrechen nicht anerben kann.

Daß mit dem Friedensſchluſſe auch die Amneſtie
verbunden ſey, liegt ſchon im Begriffe deſſelben.

§. 59.

Das Recht des Friedens iſt 1) das im Frieden
zu ſeyn, wenn in der Nachbarſchaft Krieg iſt, oder das
der Neutralität; 2) ſich die Fortdauer des geſchloſ=
ſenen Friedens zuſichern zu laſſen, d. i. das der Gua=
rantie; 3 zu wechſelſeitiger Verbindung (Bunds=
genoſſenſchaft) mehrerer Staaten, ſich gegen alle äußere
oder innere etwanige Angriffe gemeinſchaftlich zu ver=
theidigen; nicht einen Bund zum Angreifen und inne=
rer Vergrößerung.

§. 60.

Das Recht eines Staats gegen einen ungerechten
Feind hat keine Grenzen (wohl zwar der Qualität, aber
nicht der Quantität, d. i. dem Grade nach): d. i. der be=
einträchtigte Staat darf ſich zwar nicht aller Mittel,
aber doch der an ſich zuläſſigen in dem Maaße bedienen,
um das Seine zu behaupten, als er dazu Kräfte hat. —
Was iſt aber nun nach Begriffen des Völkerrechts, in wel=
chem, wie überhaupt im Naturzuſtande, ein jeder Staat
in ſeiner eigenen Sache Richter iſt, ein ungerechter
Feind?

Feind? Es ist derjenige, dessen öffentlich (es sey wörtlich oder thätlich) geäußerter Wille eine Maxime verräth,
nach welcher, wenn sie zur allgemeinen Regel gemacht
würde, kein Friedenszustand unter Völkern möglich, son-
den der Naturzustand verewigt werden müßte. Dergleichen ist die Verletzung öffentlicher Verträge, von welcher
man voraussetzen kann, daß sie die Sache aller Völker
betrifft, deren Freyheit dadurch bedroht wird, und die
dadurch aufgefordert werden, sich gegen einen solchen Unfug zu vereinigen und ihm die Macht dazu zu nehmen; —
aber doch auch nicht, um sich in sein Land zu theilen, einen Staat gleichsam auf der Erde verschwinden
zu machen; denn das wäre Ungerechtigkeit gegen das
Volk, welches sein ursprüngliches Recht, sich in ein gemeines Wesen zu verbinden, nicht verlieren kann, sondern
es eine neue Verfassung annehmen zu lassen, die, ihrer
Natur nach, der Neigung zum Kriege ungünstig ist.

Uebrigens ist der Ausdruck, eines ungerechten Fein-
des im Naturzustande, pleonastisch; denn der Naturzustand ist selbst ein Zustand der Ungerechtigkeit. Ein ge-
rechter Feind würde der seyn, welchem meinerseits zu widerstehen ich unrecht thun würde; dieser würde aber alsdann auch nicht mein Feind seyn.

§. 61.

Da der Naturzustand der Völker, eben so wohl als
einzelner Menschen, ein Zustand ist, aus dem man herausgehen soll, um in einen gesetzlichen zu treten: so ist

vor

vor dieser Ereigniß, alles Recht der Völker und alles durch den Krieg erwerbliche oder erhaltbare äußere Mein und Dein der Staaten, bloß provisorisch, und kann nur in einem allgemeinen Staatenverein (analogisch mit dem, wodurch ein Volk Staat wird) peremtorisch geltend und ein wahrer Friedenszustand werden. Weil aber, bey gar zu großer Ausdehnung eines solchen Völkerstaats über weite Landstriche, die Regierung desselben, mithin auch die Beschützung eines jeden Gliedes endlich unmöglich werden muß; eine Menge solcher Corporationen aber wiederum einen Kriegszustand herbeyführt: so ist der ewige Friede (das letzte Ziel des ganzen Völkerrechts) freylich eine unausführbare Idee. Die politischen Grundsätze aber, die darauf abzwecken, nämlich solche Verbindungen der Staaten einzugehen, als zur continuirlichen Annäherung zu demselben dienen, sind es nicht, sondern, so wie diese eine auf der Pflicht, mithin auch auf dem Rechte der Menschen und Staaten gegründete Aufgabe ist, allerdings ausführbar.

Man kann einen solchen Verein einiger Staaten, um den Frieden zu erhalten, den permanenten Staatencongreß nennen, zu welchem sich zu gesellen, jedem benachbarten unbenommen bleibt; dergleichen (wenigstens was die Förmlichkeiten des Völkerrechts, in Absicht auf die Erhaltung des Friedens, betrifft) in der ersten Hälfte dieses Jahrhunderts in der Versammlung der Generalstaaten im Haag noch statt fand; wo die Minister der meisten Europäischen Höfe, und selbst der kleinsten Republi-

R   ken,

ten, ihre Beschwerden über die Befehdungen, die einer von dem anderen widerfahren waren, anbrachten. um so sich ganz Europa als einen einzigen föderirten Staa dachten, den sie in jener ihren öffentlichen Streitigkeiter gleichsam als Schiedsrichter annahmen, statt dessen später hin das Völkerrecht bloß in Büchern übrig geblieben; aus Cabinetten aber verschwunden, oder, nach schon ver: übter Gewalt, in Form der Deductionen, der Dunkelheit der Archive anvertrauet worden ist.

Unter einem Congreß wird hier aber nur eine will: kührliche, zu aller Zeit ablösliche Zusammentretung ver: schiedener Staaten, nicht eine solche Verbindung, welche (so wie die der americanischen Staaten) auf einer Staats: verfassung gegründet, und daher unauflöslich ist, ver: standen; — durch welchen allein die Idee eines zu er: richtenden öffentlichen Rechts der Völker, ihre Streitig: keiten auf civile Art, gleichsam durch einen Prozeß, nicht auf barbarische (nach Art der Wilden) nämlich durch Krieg zu entscheiden, realisirt werden kann.

Des

öffentlichen Rechts

Dritter Abschnitt.

Das Weltbürgerrecht.

§. 62.

Diese Vernunftidee einer friedlichen, wenn gleich noch nicht freundschaftlichen, durchgängigen Gemeinschaft aller Völker auf Erden, die unter einander in wirksame Verhältnisse kommen können, ist nicht etwa philantropisch (ethisch), sondern ein rechtliches Princip. Die Natur hat sie alle zusammen (vermöge der Kugelgestalt ihres Aufenthalts, als globus terraqueus) in bestimmte Grenzen eingeschlossen, und, da der Besitz des Bodens, worauf der Erdbewohner leben kann, immer nur als Besitz von einem Theil eines bestimmten Ganzen, folglich als ein solcher, auf den jeder derselben ursprünglich ein Recht hat, gedacht werden kann: so stehen alle Völker ursprünglich in einer Gemeinschaft des Bo-

dens,

dens, nicht aber der rechtlichen Gemeinschaft des Besitzes (communio) und hiemit des Gebrauchs, oder
des Eigenthums an denselben, sondern der physischen
möglichen Wechselwirkung (commercium), d. i.
in einem durchgängigen Verhältnisse, eines zu allen Anderen, sich zum Verkehr unter einander anzubie-
ten, und haben ein Recht, den Versuch mit demselben
zu machen, ohne daß der Auswärtige ihm darum als
einen Feind zu begegnen berechtigt wäre. — Dieses
Recht, so fern es auf die mögliche Vereinigung aller
Völker, in Absicht auf gewisse allgemeine Gesetze ihres
möglichen Verkehrs, geht, kann das weltbürgerliche
(ius cosmopoliticum) genannt werden.

Meere können Völker aus aller Gemeinschaft mit
einander zu setzen scheinen; und dennoch sind sie, vermittelst der Schiffahrt, gerade die glücklichsten Naturan-
lagen zu ihrem Verkehr, welches, je mehr es einander
nahe Küsten giebt (wie die des mittelländischen)
nur desto lebhafter seyn kann, deren Besuchung gleichwohl, noch mehr aber die Niederlassung auf denselben,
um sie mit dem Mutterlande zu verknüpfen, zugleich die
Veranlassung dazu giebt, daß Uebel und Gewaltthätigkeit an einem Orte unseres Globs, an allen gefühlt wird.
Dieser mögliche Mißbrauch kann aber das Recht des
Erdbürgers nicht aufheben, die Gemeinschaft mit allen
zu versuchen, und zu diesem Zweck alle Gegenden der
Erde zu besuchen, wenn es gleich nicht ein Recht der
Ansiedelung auf dem Boden eines anderen Volks

(ius

(ius incolatus) ift, als zu welchem ein befonderer Ver=
trag erfordert wird.

Es frägt fich aber: ob ein Volk in neuentdeckten
Ländern eine Anwohnung (accolatus) und Befitz=
nehmung in der Nachbarfchaft eines Volks, das in ei=
nem folchen Landftriche fchon Platz genommen hat, auch
ohne feine Einwilligung unternehmen dürfe? —

Wenn Anbanung in folcher Entlegenheit vom Sitz
des erfteren gefchieht, daß keines derfelben im Gebrauch
feines Bodens dem Anderen Eintrag thut, fo ift das
Recht dazu nicht zu bezweifeln; wenn es aber Hirten=
oder Jagdvölker find (wie die Hottentotten, Tungufen
und die meiften Americanifchen Nationen), deren Unter=
halt von großen öden Landftrecken abhängt, fo würde
dies nicht mit Gewalt, fondern nur durch Vertrag, und
felbft diefer nicht mit Benutzung der Unwiffenheit jener
Einwohner in Anfehung der Abtretung folcher Ländereyen,
gefchehen können; obzwar die Rechtfertigungsgründe
fcheinbar genug find, daß eine folche Gewaltthätigkeit
zum Weltbeften gereiche; theils durch Cultur roher Völ=
ker (wie der Vorwand, durch den felbft Büfching die
blutige Einführung der chriftlichen Religion in Deutfch=
land entfchuldigen will), theils zur Reinigung feines
eigenen Landes von verderbten Menfchen und gehoffter
Befferung derfelben, oder ihrer Nachkommenfchaft, in
einem anderen Welttheile (wie in Neuholland); denn
alle diefe vermeintlich gute Abfichten können doch den

Fle=

Flecken der Ungerechtigkeit in den dazu gebrauchten Mit=
teln nicht abwaschen. — Wendet man hiegegen ein :
daß, bey solcher Bedenklichkeit, mit der Gewalt den An=
fang zu Gründung eines gesetzlichen Zustandes zu ma=
chen, vielleicht die ganze Erde noch in gesetzlosem Zu=
stande seyn würde: so kann das eben so wenig jene Rechts=
bedingung aufheben, als der Vorwand der Staatsrevolu=
tionisten, daß es auch, wenn Verfassungen verartet
sind, dem Volke zustehe, sie mit Gewalt umzuformen,
und überhaupt einmal für allemal ungerecht zu seyn,
um nachher die Gerechtigkeit desto sicherer zu gründen und
aufblühen zu machen.

Be=

Beschluß.

Wenn jemand nicht beweisen kann, daß ein Ding ist, so mag er versuchen zu beweisen, daß es nicht ist. Will es ihm mit keinem von beyden gelingen (ein Fall, der oft eintritt); so kann er noch fragen: ob es ihn interessire, das Eine oder das Andere (durch eine Hypothese) anzunehmen, und dies zwar entweder in theoretischer, oder in practischer Rücksicht, d. i. entweder um sich bloß ein gewisses Phänomen (wie z. B. für den Astronom, das des Rückganges und Stillstandes der Planeten zu erklären, oder um einen gewissen Zweck zu erreichen, der nun wiederum entweder pragmatisch (bloßer Kunstzweck) oder moralisch, d. i. ein solcher Zweck seyn kann, den sich zu setzen die Maxime selbst Pflicht ist. — Es versteht sich von selbst: daß nicht das Annehmen (suppositio) der Ausführbarkeit jenes Zwecks, welches ein bloß theoretisches und dazu noch problematisches Urtheil ist, hier zur Pflicht gemacht werde; denn dazu (etwas zu glauben) giebts keine Verbindlichkeit, sondern das Handeln nach der Idee jenes Zwecks, wenn auch nicht die mindeste theoretische Wahrscheinlichkeit da ist, daß er ausge-

führt,

führt werden könne, dennoch aber seine Unmöglichkeit gleichfalls nicht demonstrirt werden kann, das ist es, wozu uns eine Pflicht obliegt.

Nun spricht die moralisch-practische Vernunft in uns ihr unwiderstehliches Veto aus: Es soll kein Krieg seyn; weder der, welcher zwischen Mir und Dir im Naturzustande, noch zwischen uns als Staaten, die, obzwar innerlich im gesetzlichen, doch äußerlich (im Verhältniß gegen einander) im gesetzlosen Zustande sind; — denn das ist nicht die Art, wie jedermann sein Recht suchen soll. Also ist nicht mehr die Frage: ob der ewige Friede ein Ding oder Unding sey, und ob wir uns nicht in unserem theoretischen Urtheile betrügen, wenn wir das erstere annehmen, sondern wir müssen so handeln, als ob das Ding sey, was vielleicht nicht ist, auf Begründung desselben, und diejenige Constitution, die uns dazu die tauglichste scheint (vielleicht den Republicanism aller Staaten sammt und sonders) hinwirken, um ihn herbey zu führen, und dem heillosen Kriegführen, worauf, als den Hauptzweck, bisher alle Staaten, ohne Ausnahme, ihre innere Anstalten gerichtet haben, ein Ende zu machen. Und, wenn das letztere, was die Vollendung dieser Absicht betrift, auch immer ein frommer Wunsch bliebe, so betrügen wir uns doch gewiß nicht mit der Annahme der Maxime dahin unablässig zu wirken; denn diese ist Pflicht; das moralische Gesetz aber in uns selbst für betrüglich anzunehmen, würde den Abscheu erregenden Wunsch hervorbringen, lieber aller Vernunft

nunft zu entbehren, und ſich, ſeinen Grundſätzen nach,
mit den übrigen Thierclaſſen in einen gleichen Mecha=
niſm der Natur geworfen anzuſehen.

Man kann ſagen, daß dieſe allgemeine und fort=
dauernde Friedensſtiftung nicht bloß einen Theil, ſondern
den ganzen Endzweck der Rechtslehre innerhalb den Gren=
zen der bloßen Vernunft ausmache; denn der Friedens,
zuſtand iſt allein der unter Geſetzen geſicherte Zuſtand
des Mein und Dein in einer Menge einander benachbar=
ter Menſchen, mithin die in einer Verfaſſung zuſammen
ſind, deren Regel aber nicht von der Erfahrung derjeni=
gen, die ſich bisher am beſten dabey befunden haben, als
einer Norm für Andere, ſondern die durch die Vernunft
a priori von dem Ideal einer rechtlichen Verbindung der
Menſchen unter öffentlichen Geſetzen überhaupt hergenom=
men werden muß, weil alle Beyſpiele (als die nur
erläutern, aber nichts beweiſen können) trüglich ſind,
und ſo allerdings einer Metaphyſik bedürfen, deren
Nothwendigkeit diejenigen, die dieſer ſpotten, doch un=
vorſichtiger Weiſe ſelbſt zugeſtehen, wenn ſie z. B., wie
ſie es oft thun, ſagen: »die beſte Verfaſſung iſt die,
wo nicht die Menſchen, ſondern die Geſetze machthabend
ſind.« Denn was kann mehr metaphyſiſch ſublimirt
ſeyn, als eben dieſe Idee, welche gleichwohl, nach
jener ihrer eigenen Behauptung, die bewährteſte objective
Realität hat, die ſich auch in vorkommenden Fällen leicht
darſtellen läßt, und welche allein, wenn ſie nicht revolu=
tionsmäßig, durch einen Sprung, d. i. durch gewalt=

ſame

same Umstürzung einer bisher bestandenen fehlerhaften — (denn da würde sich zwischeninne ein Augenblick der Vernichtung alles rechtlichen Zustandes ereignen) sondern durch allmählige Reform nach festen Grundsätzen versucht und durchgeführt wird, in continuirlicher Annäherung zum höchsten politischen Gut, zum ewigen Frieden hinleiten kann.